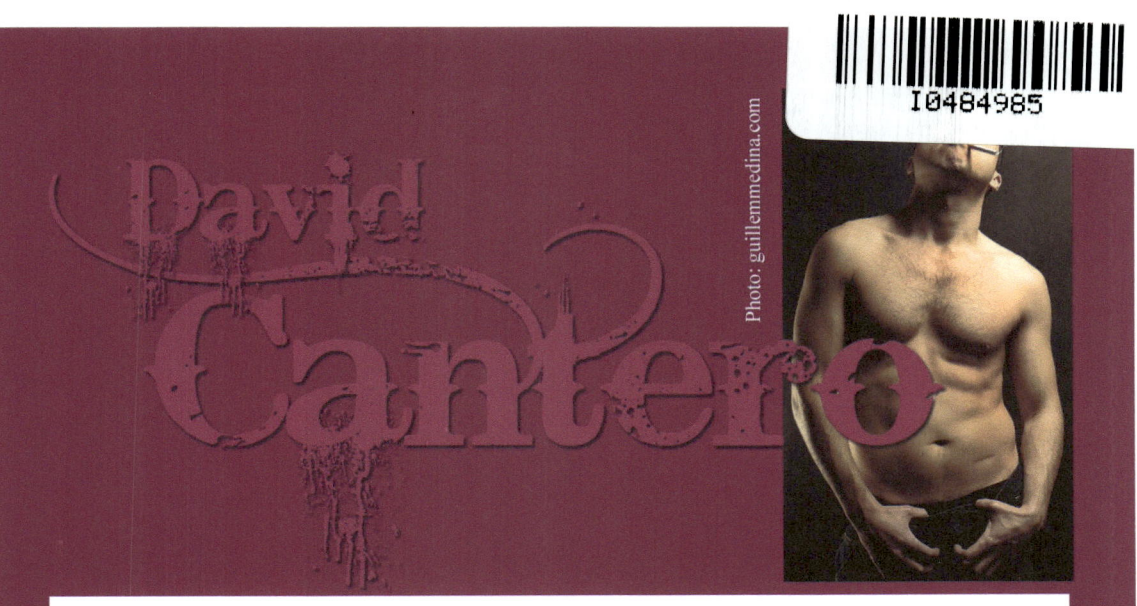

Photo: guillemmedina.com

David Cantero

Desde siempre *David Cantero Berenguer* ,
ha estado relacionado con el mundo de la música.
Sus ilustraciones han sido la imagen de discotecas y bares a través
del mundo entero. *CANTERO FLYERS* reúne las mejores ilustraciones
de este artista para regalar a sus ojos imágenes llenas de sensualidad,
color y movimiento. ¡A disfrutar escuchando buena música!

Depuis toujours, *David Cantero Berenguer*
est en relation avec le monde de la musique. Ses illustrations se sont
prêtées á l'image de discothèques et bars a travers le monde entier.
CANTERO FLYERS réuni les meilleures illustrations de cet artiste
pour régaler vos yeux d'images pleines de sensualité, de couleur
et de mouvement. A voir en écoutant de la bonne musique!

David Cantero Berenguer has been always related
with the music world. His illustrations have been the image of discos
and bars all around the world. *CANTERO FLYERS* collects the
best illustrations to delight your eyes. Illustrations full of
sensuality, colour and movement.
Enjoy yourself listening to good music!

www.davidcantero.com

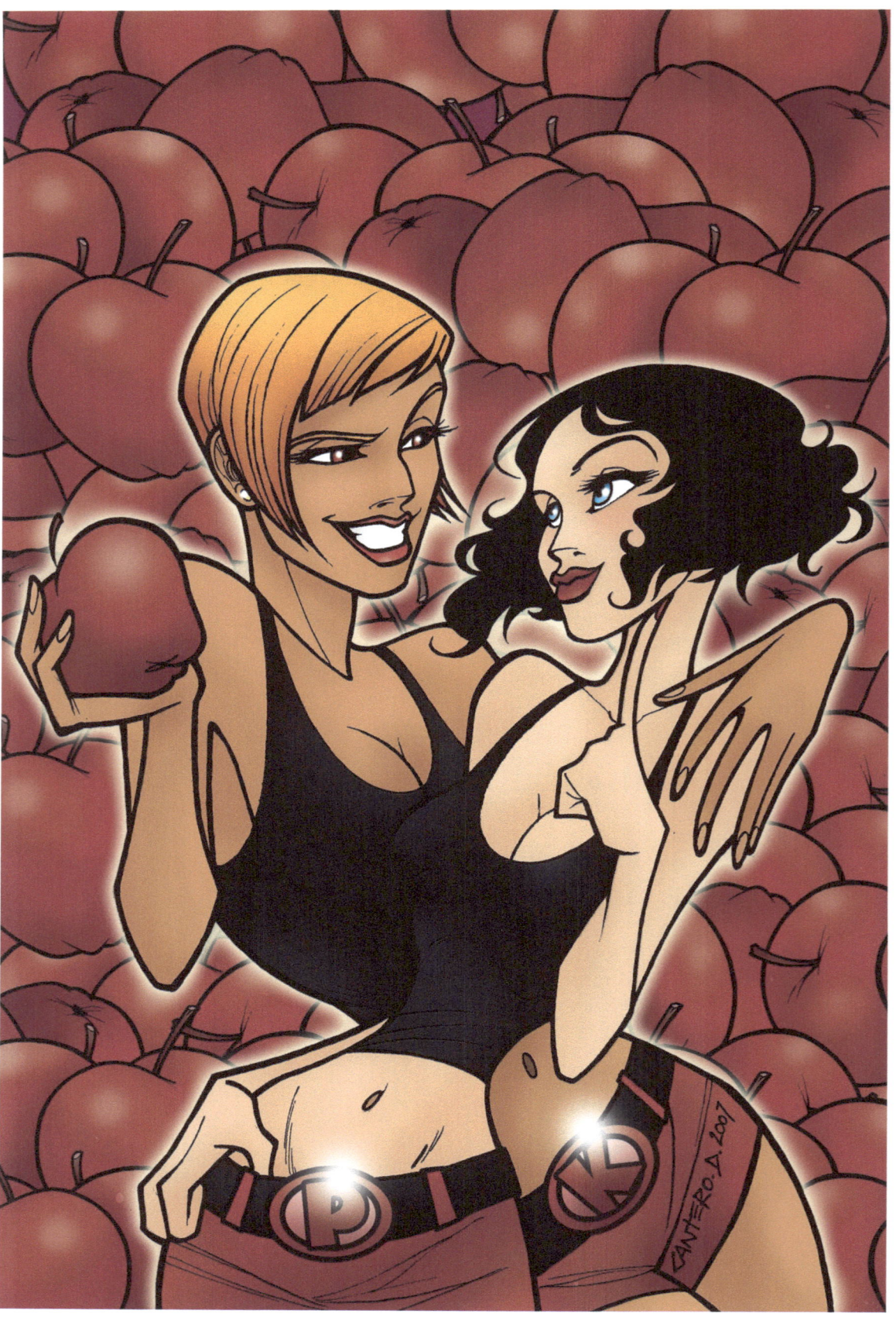

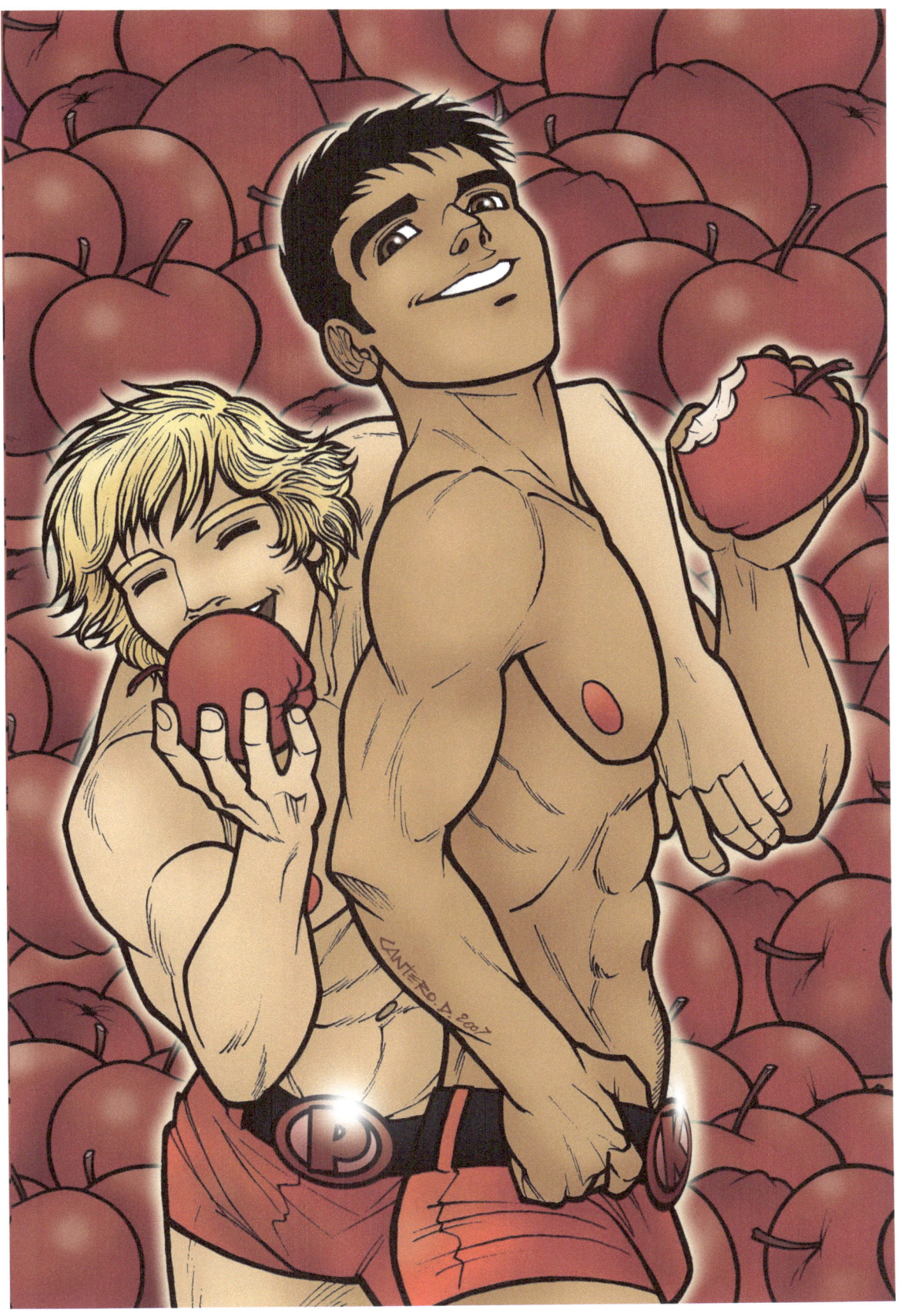

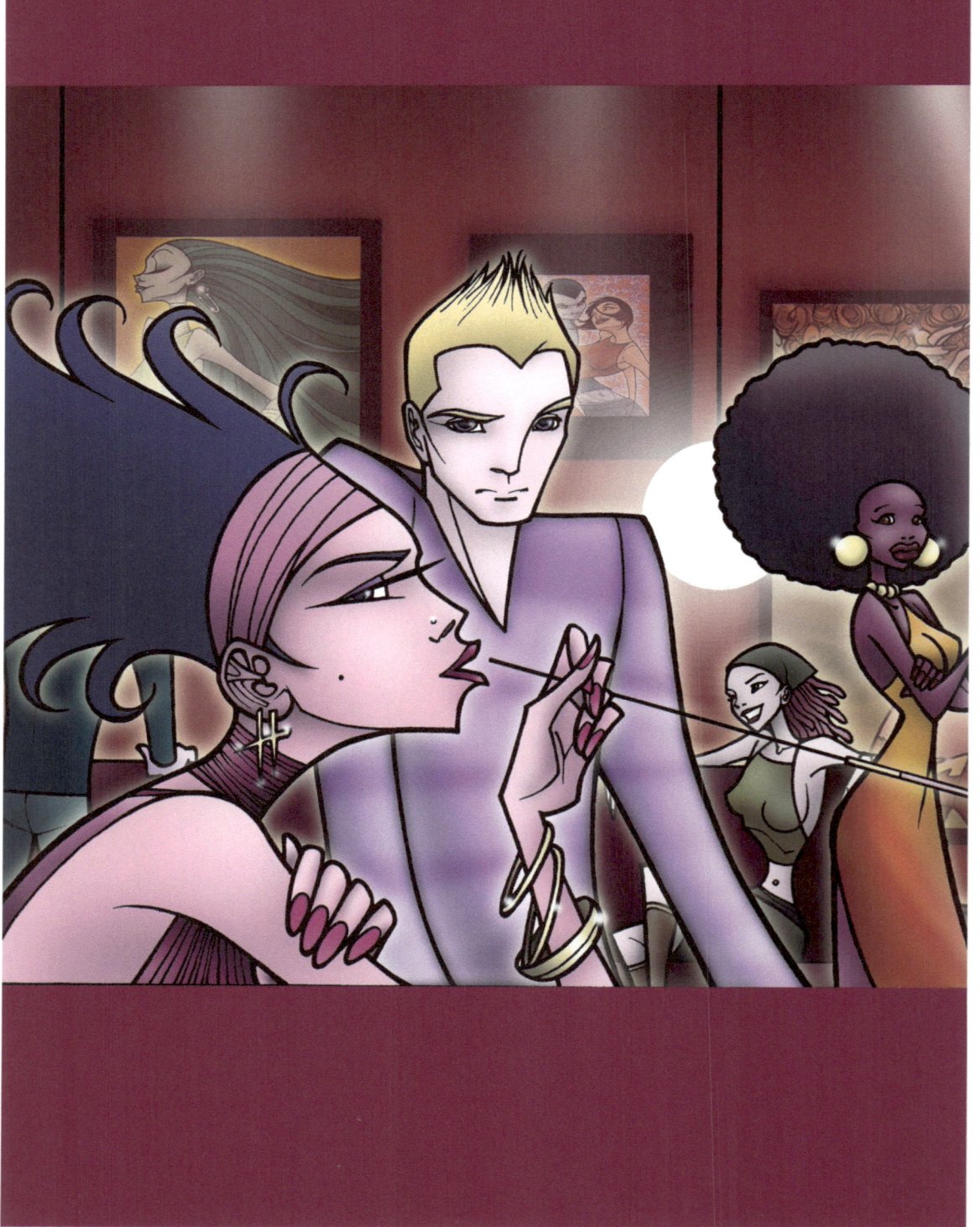

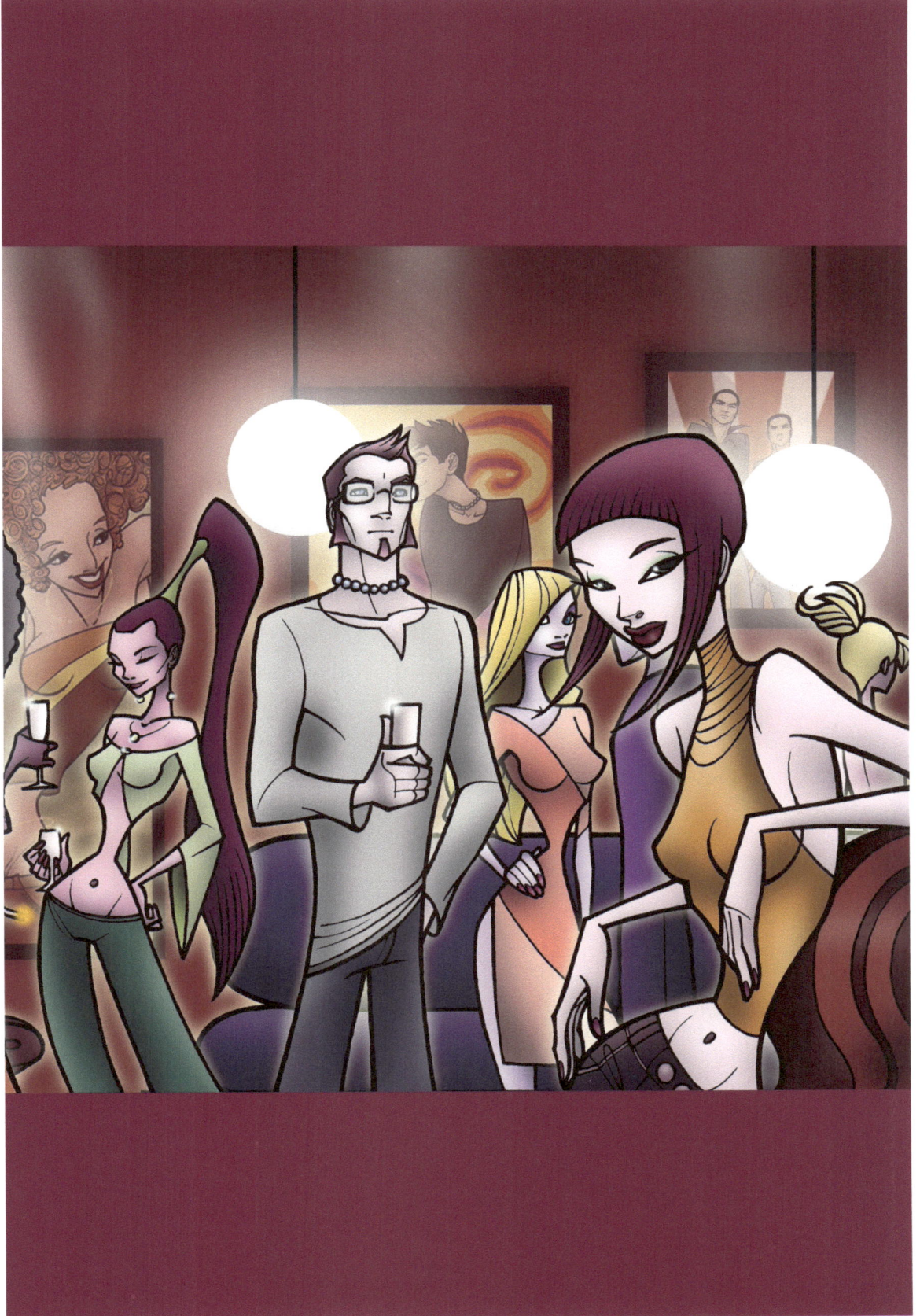

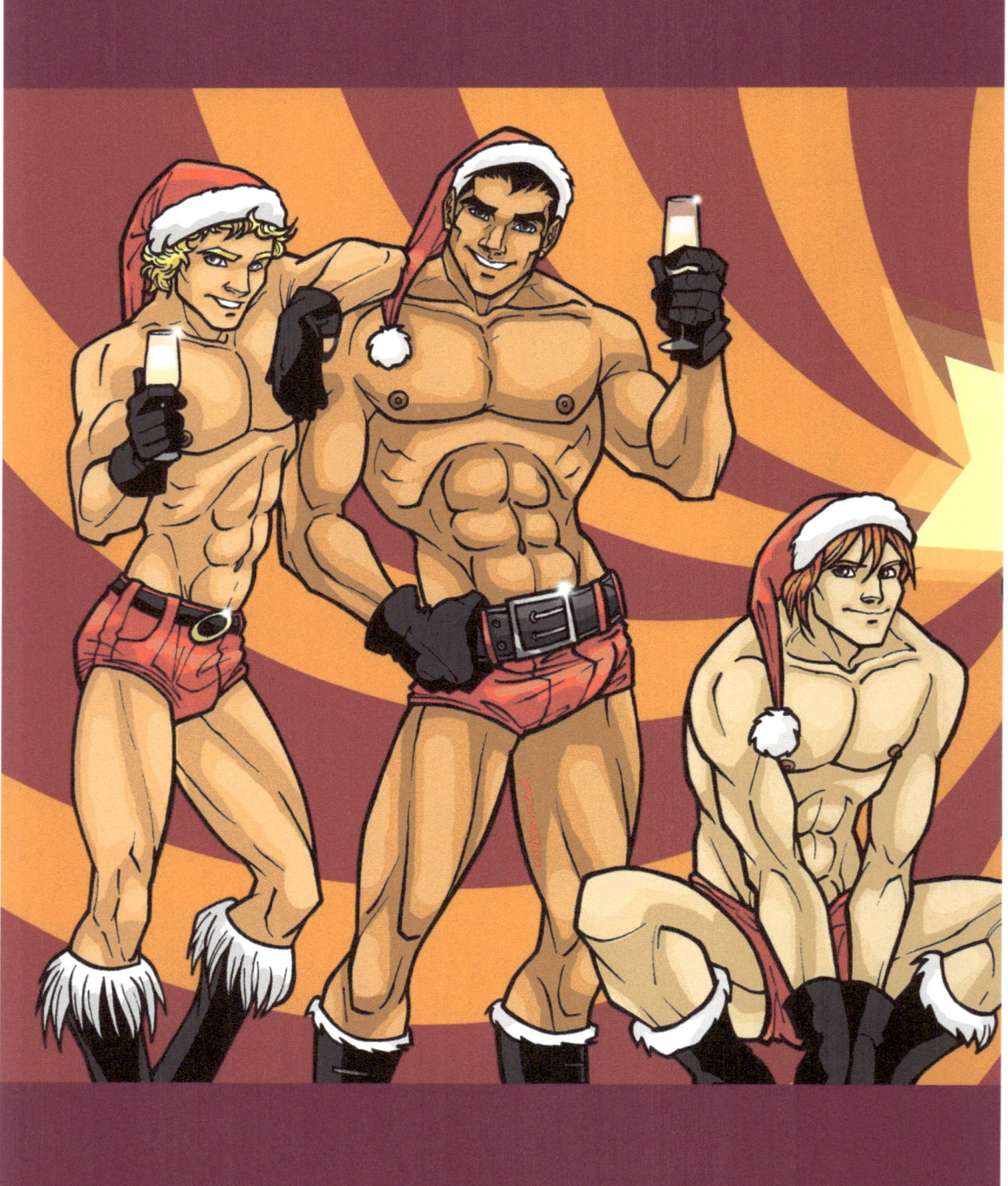

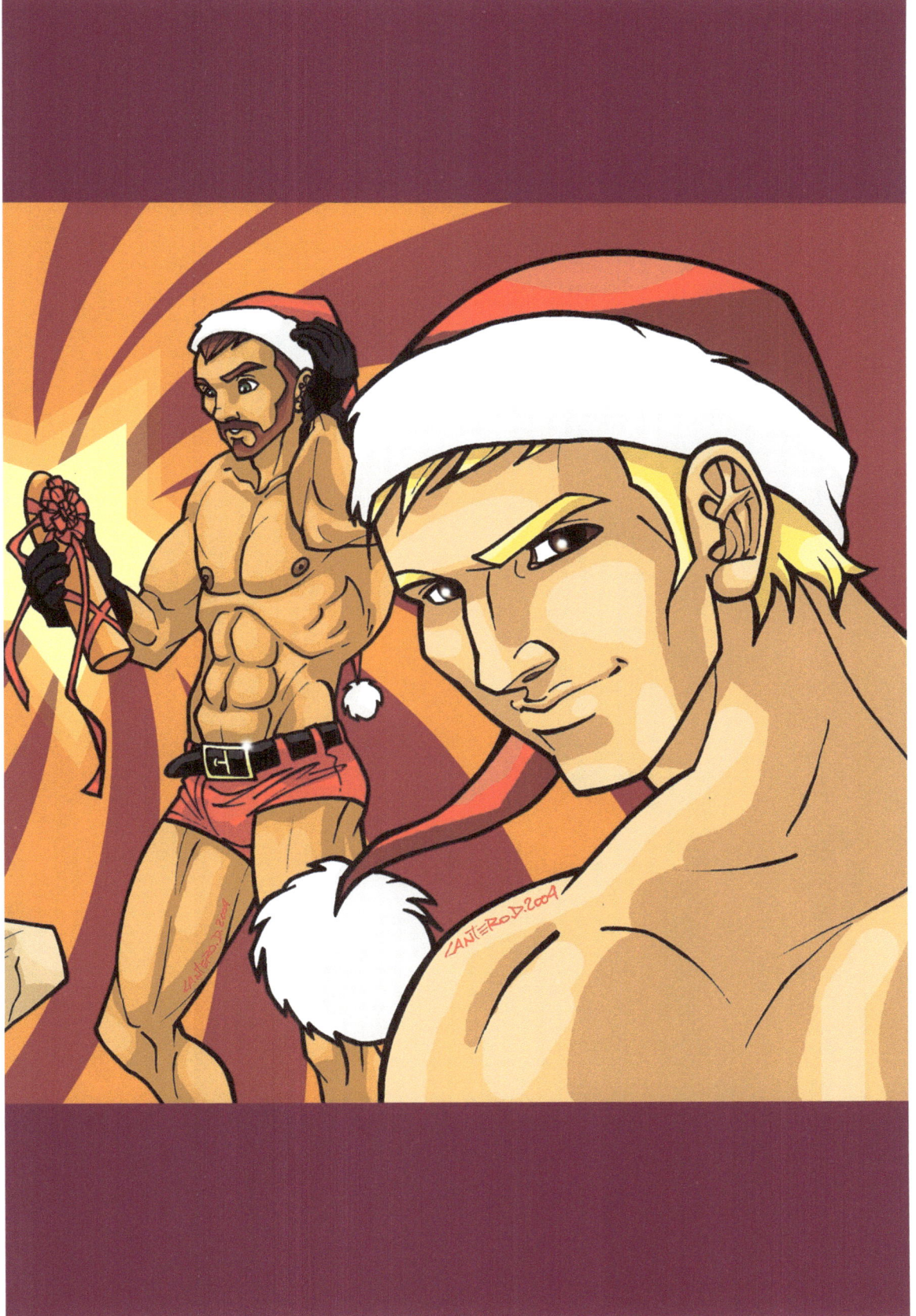

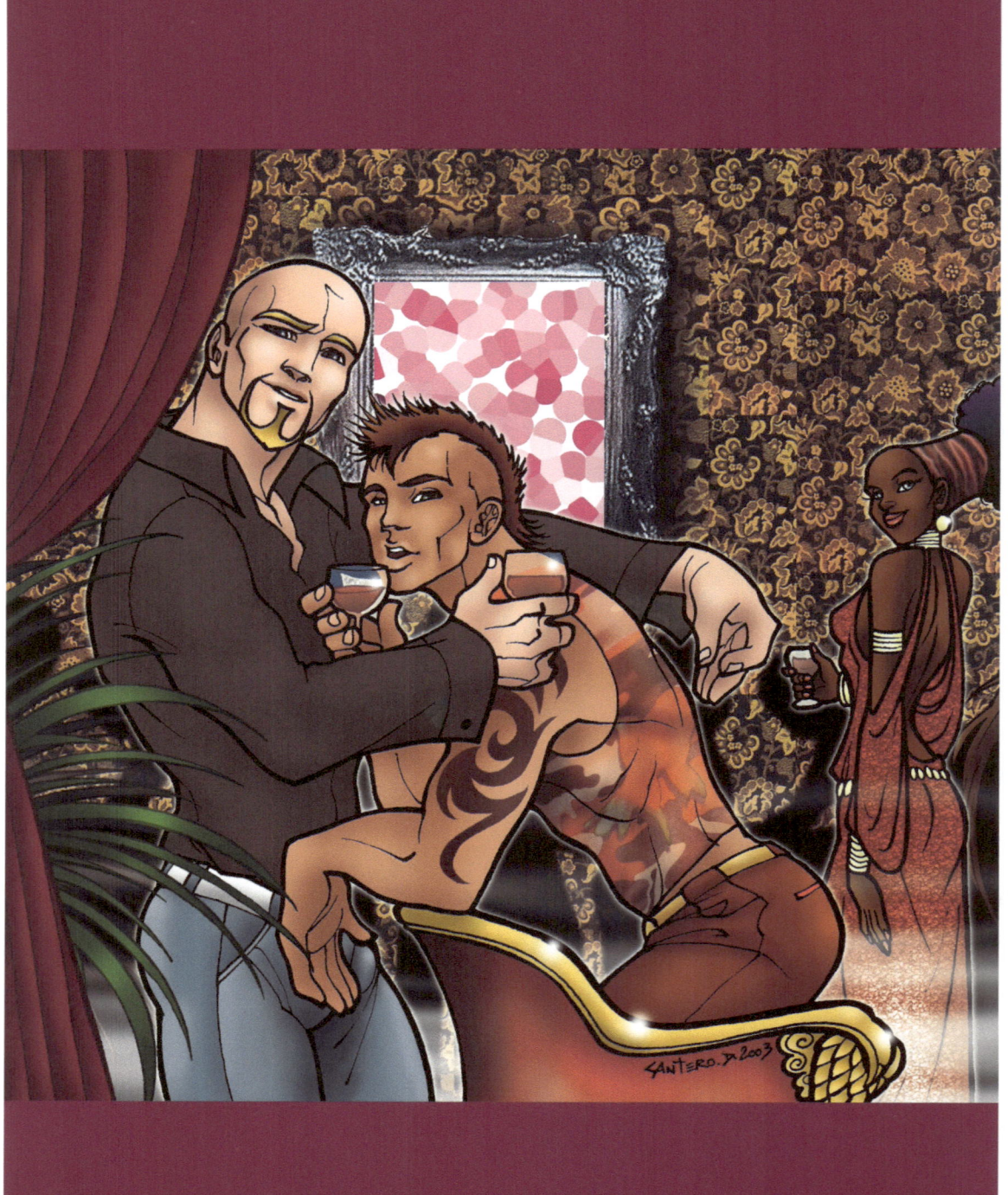

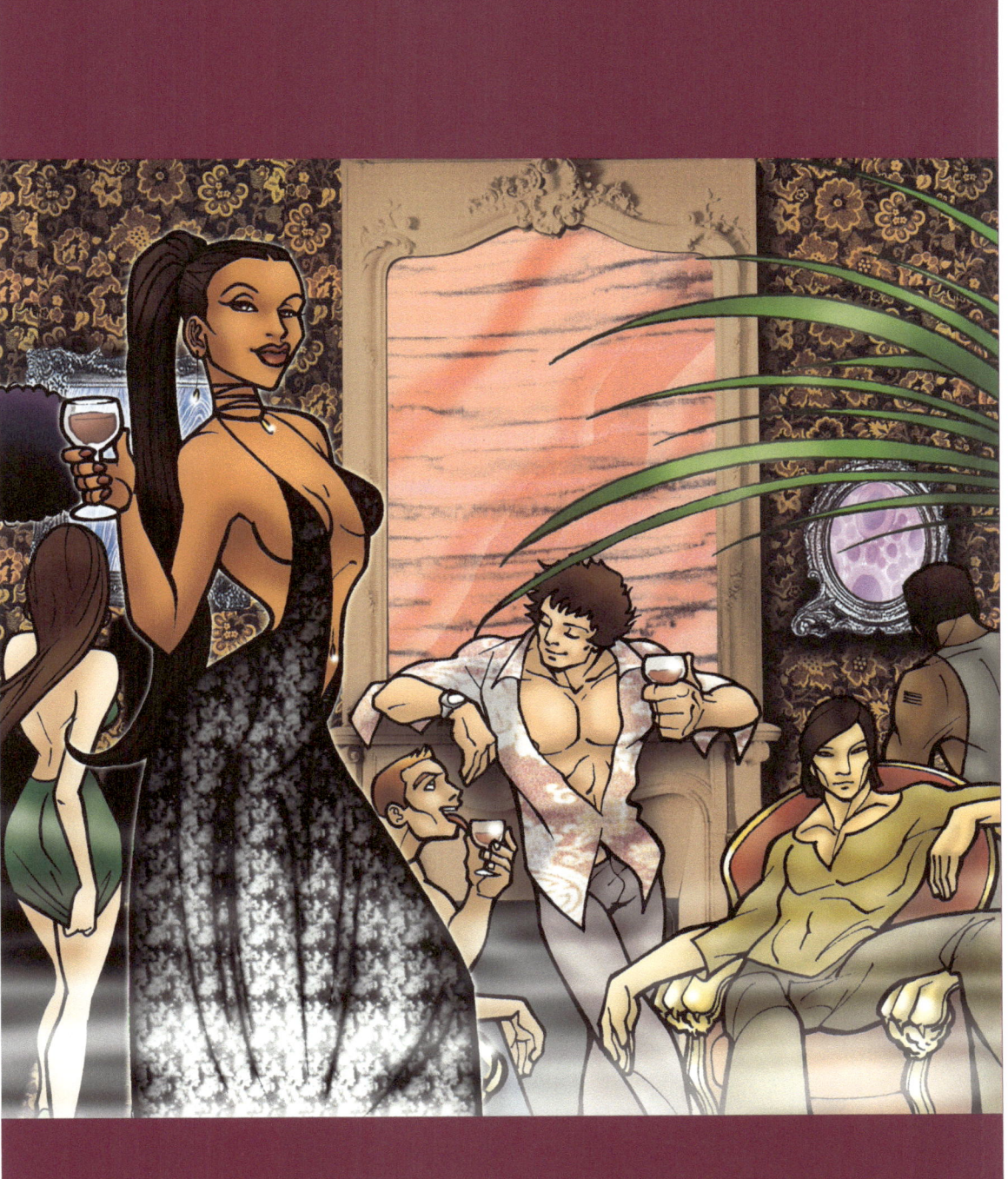

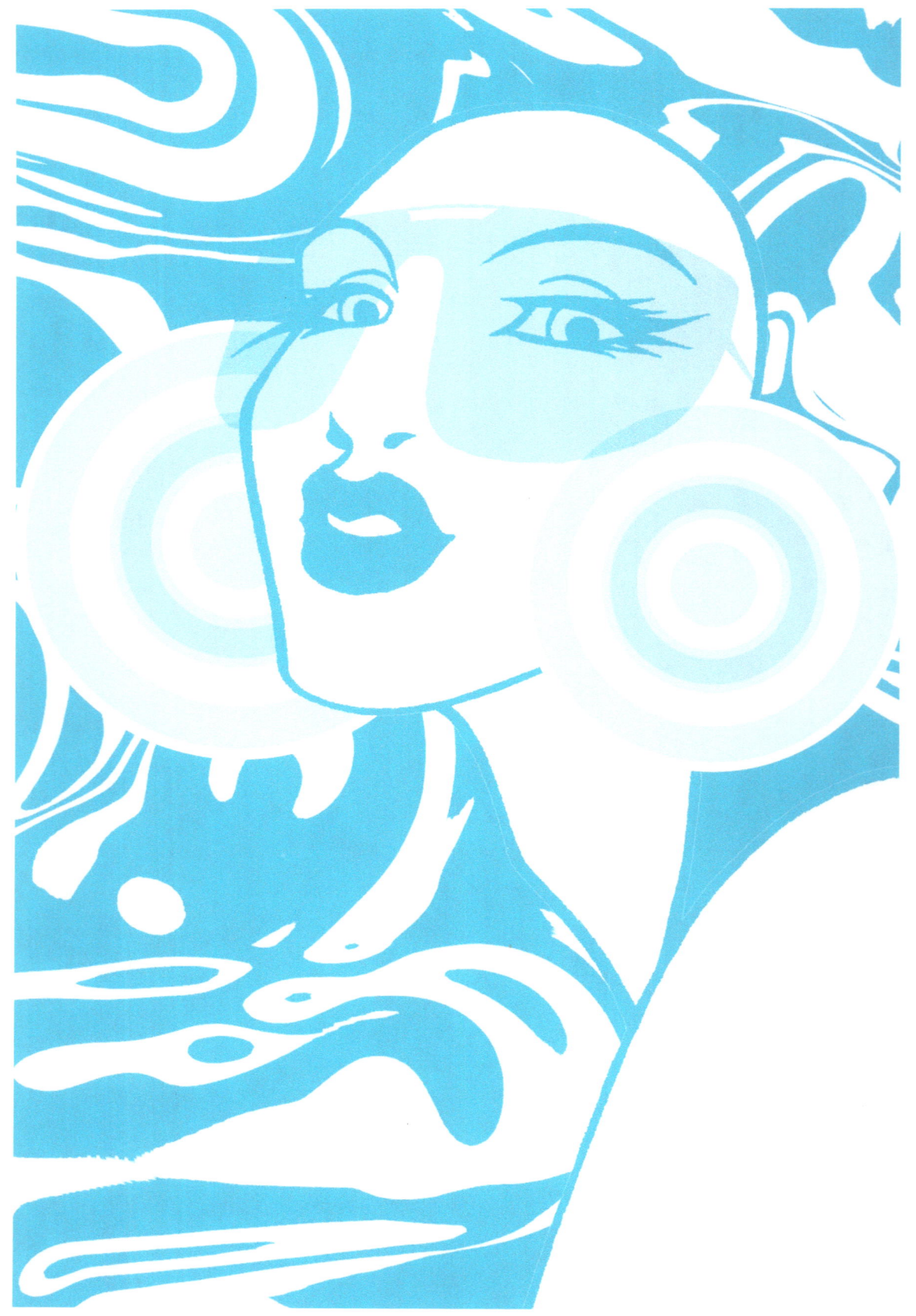

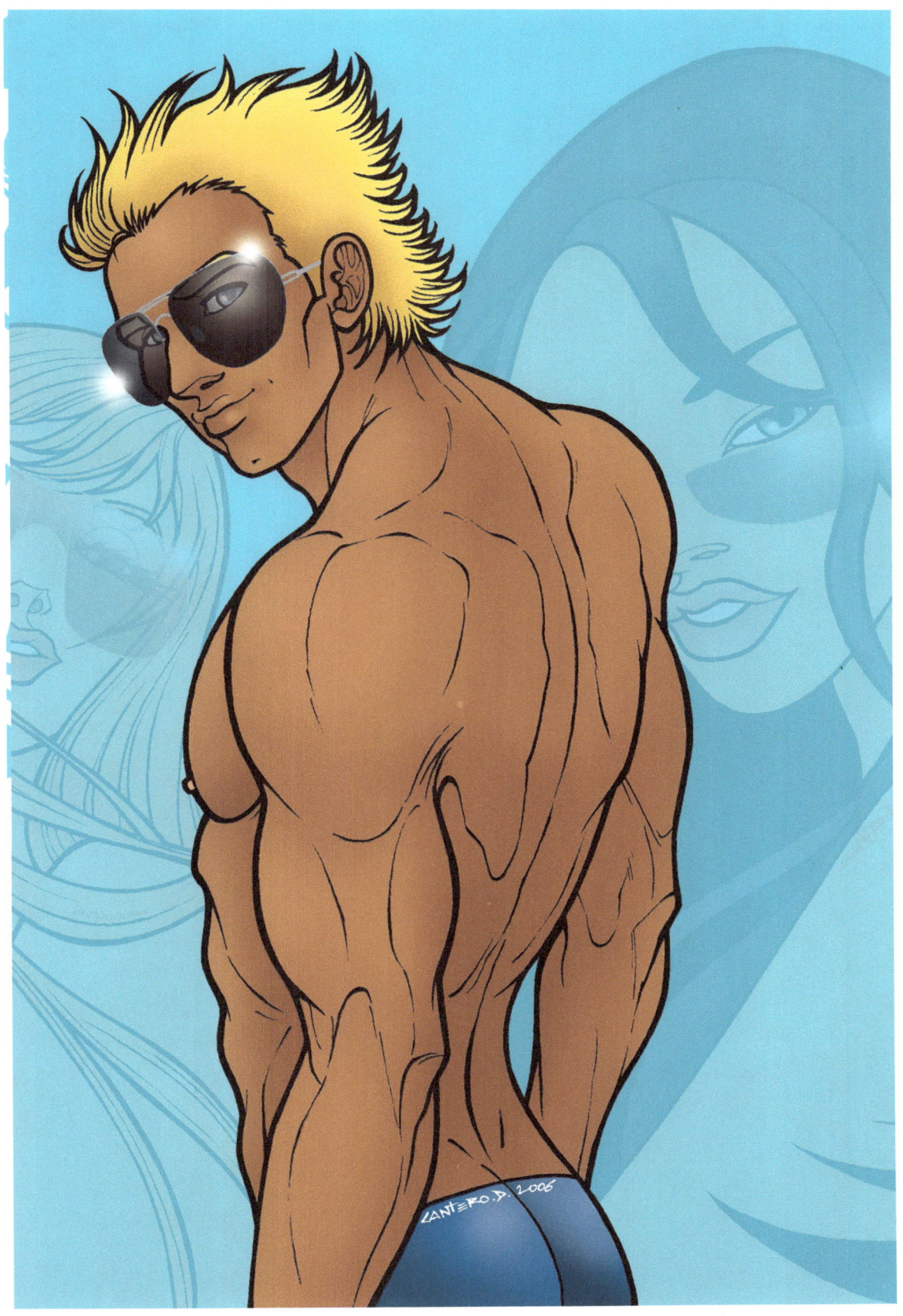

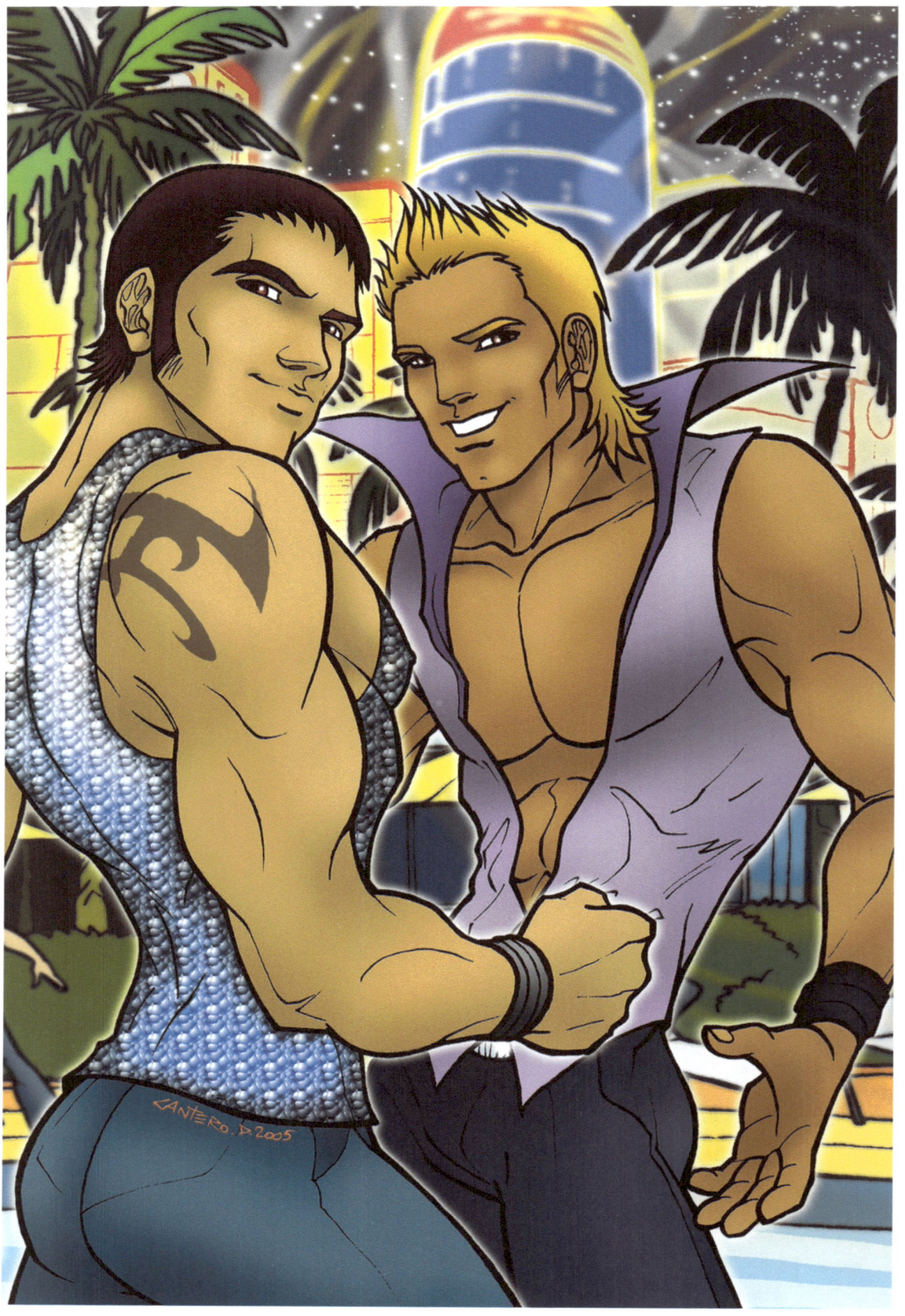

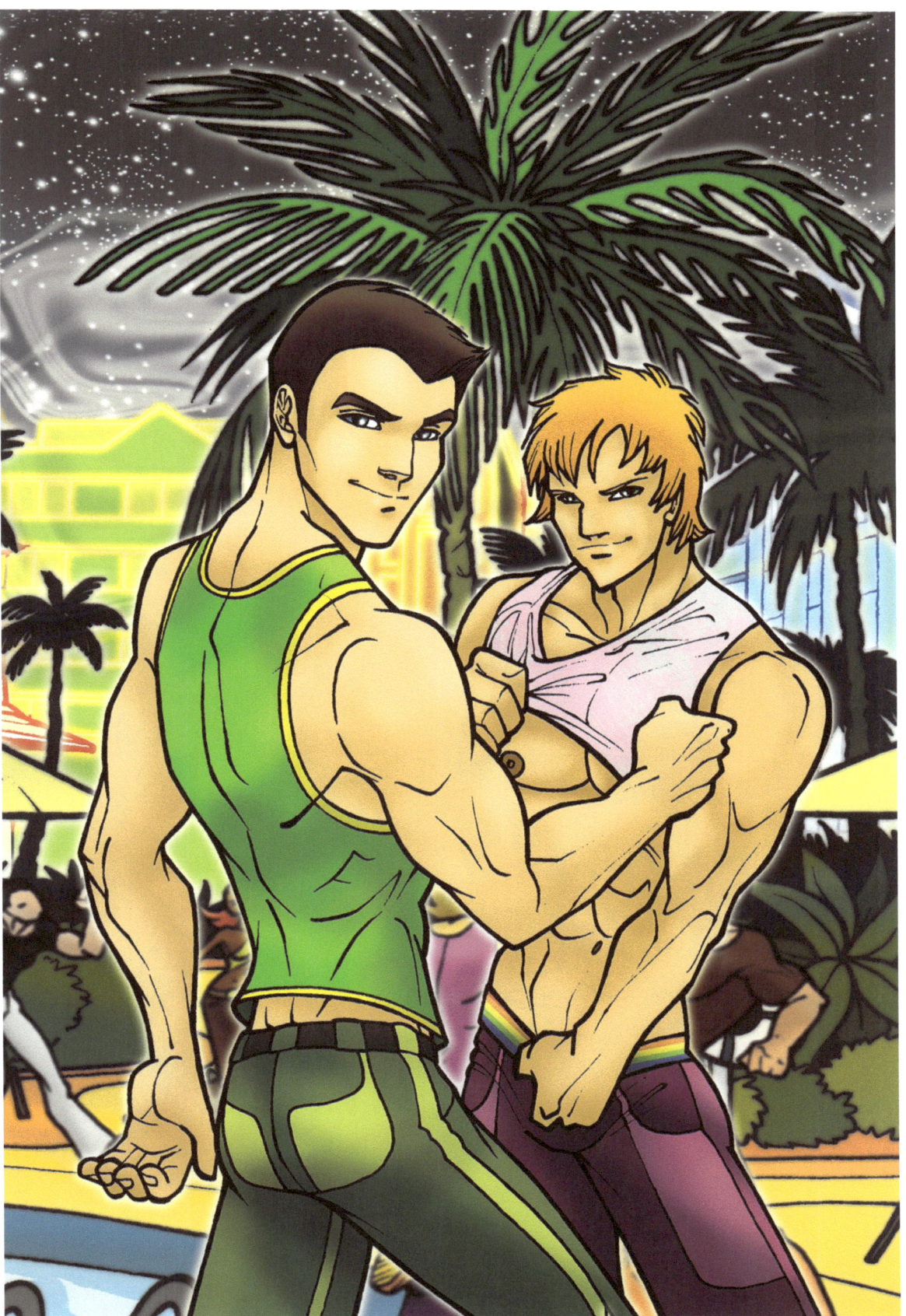

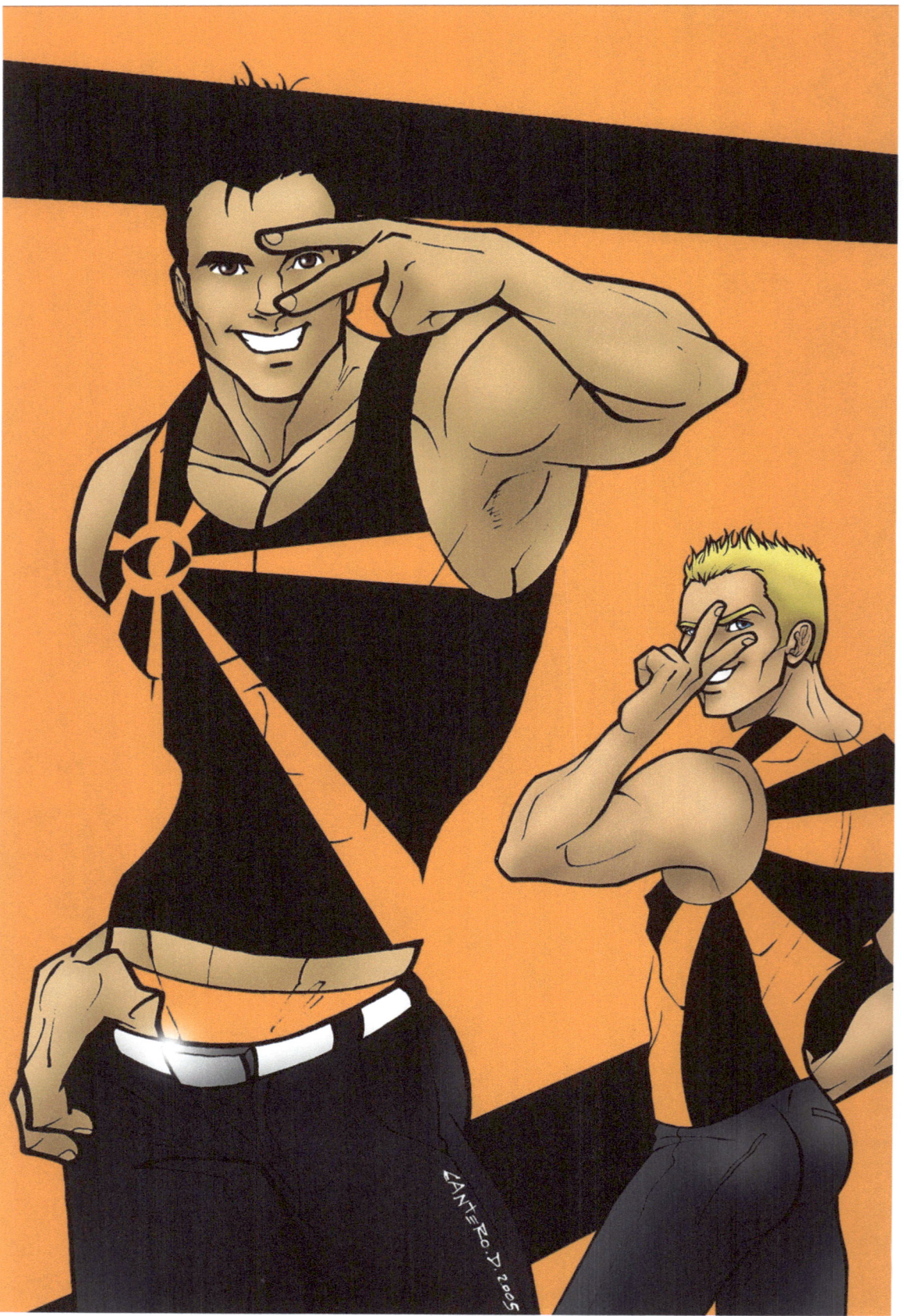

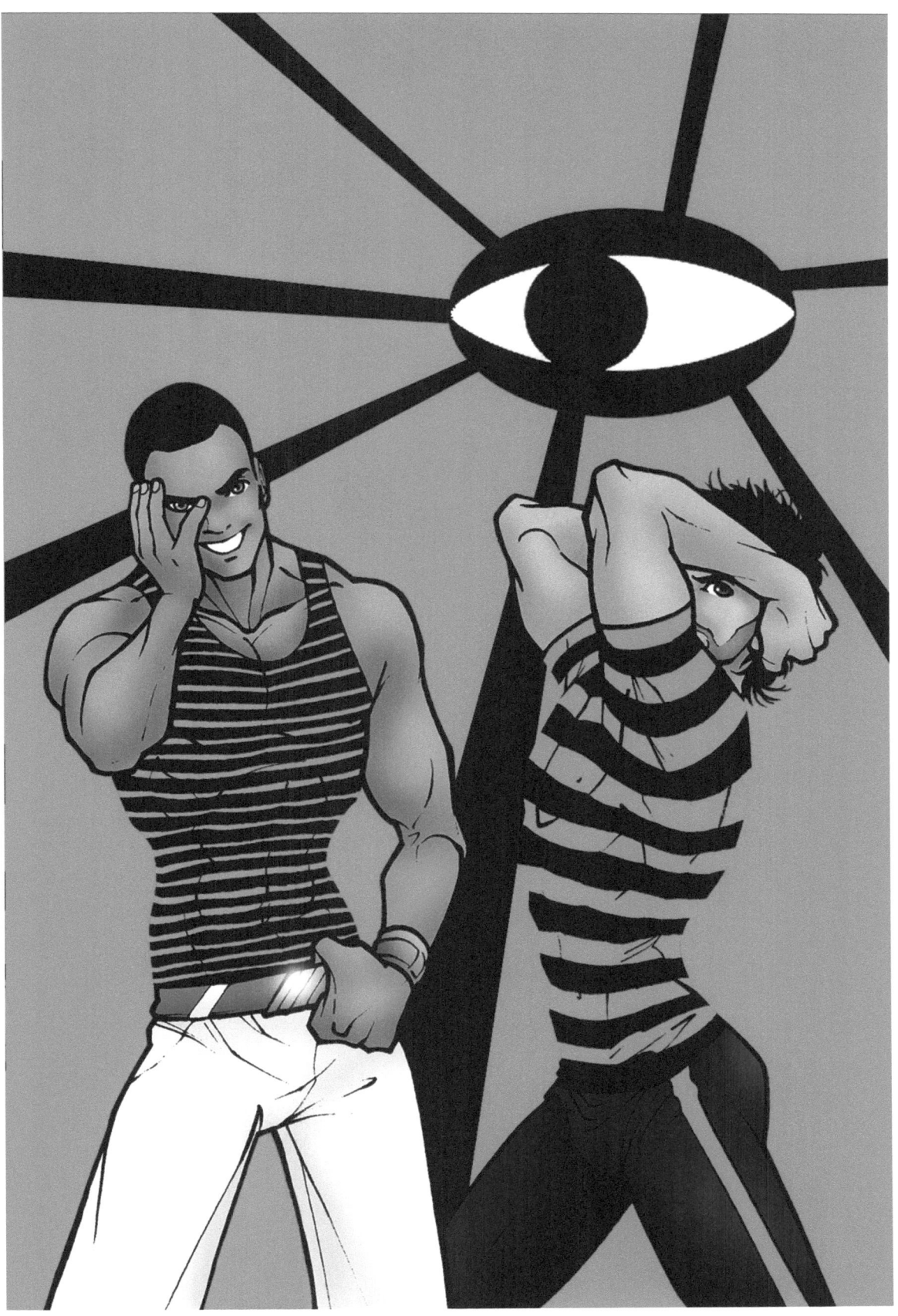

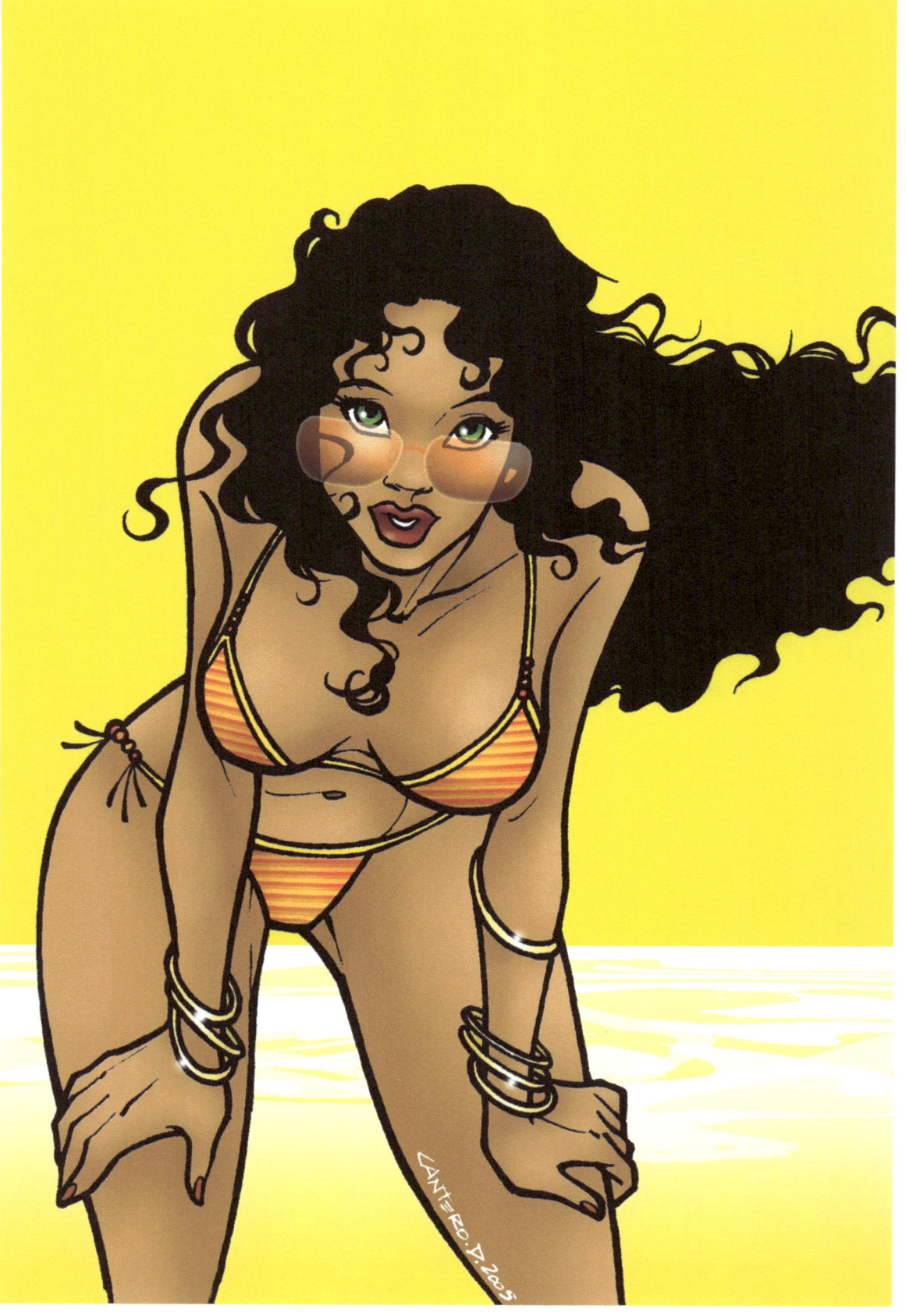

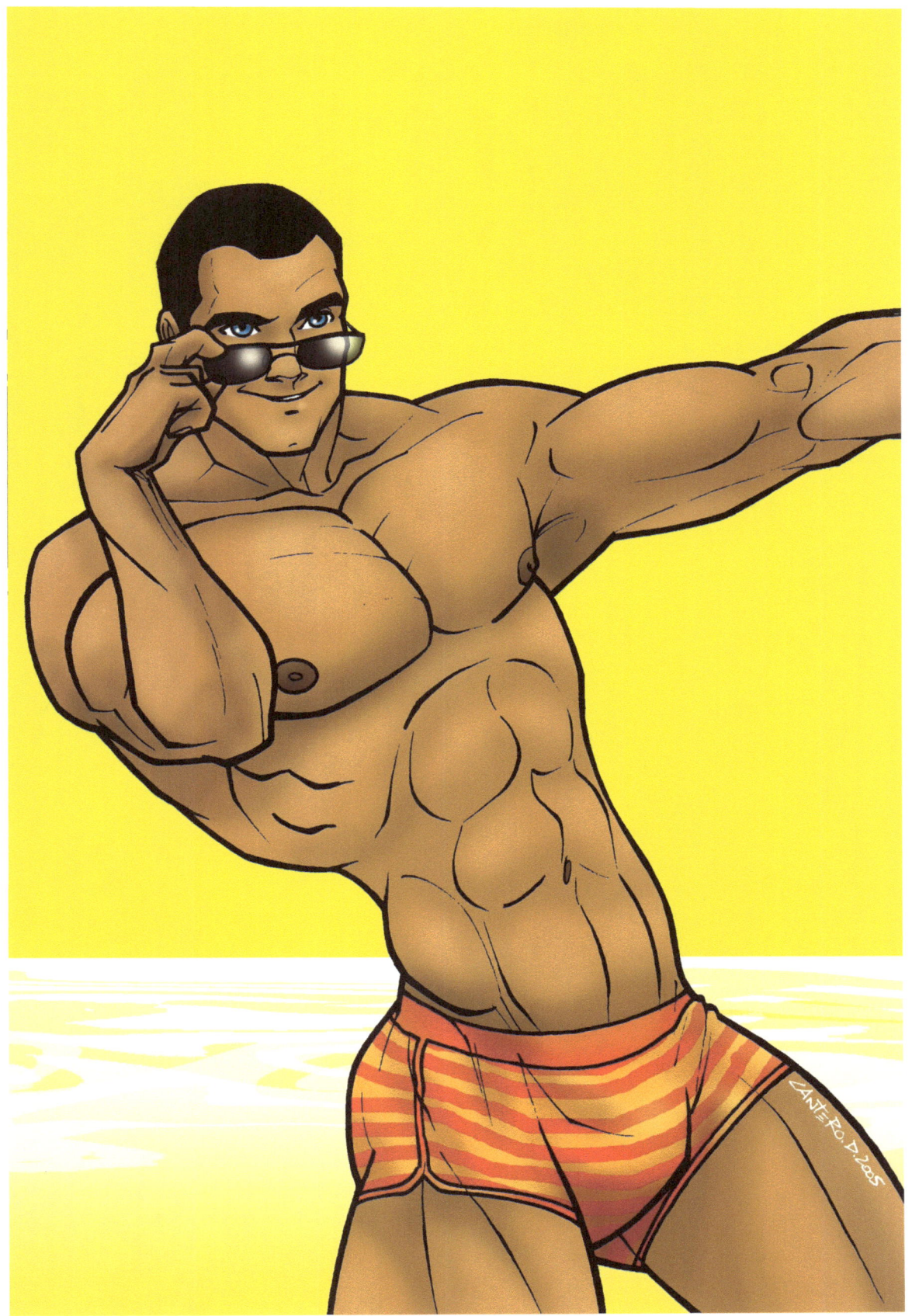

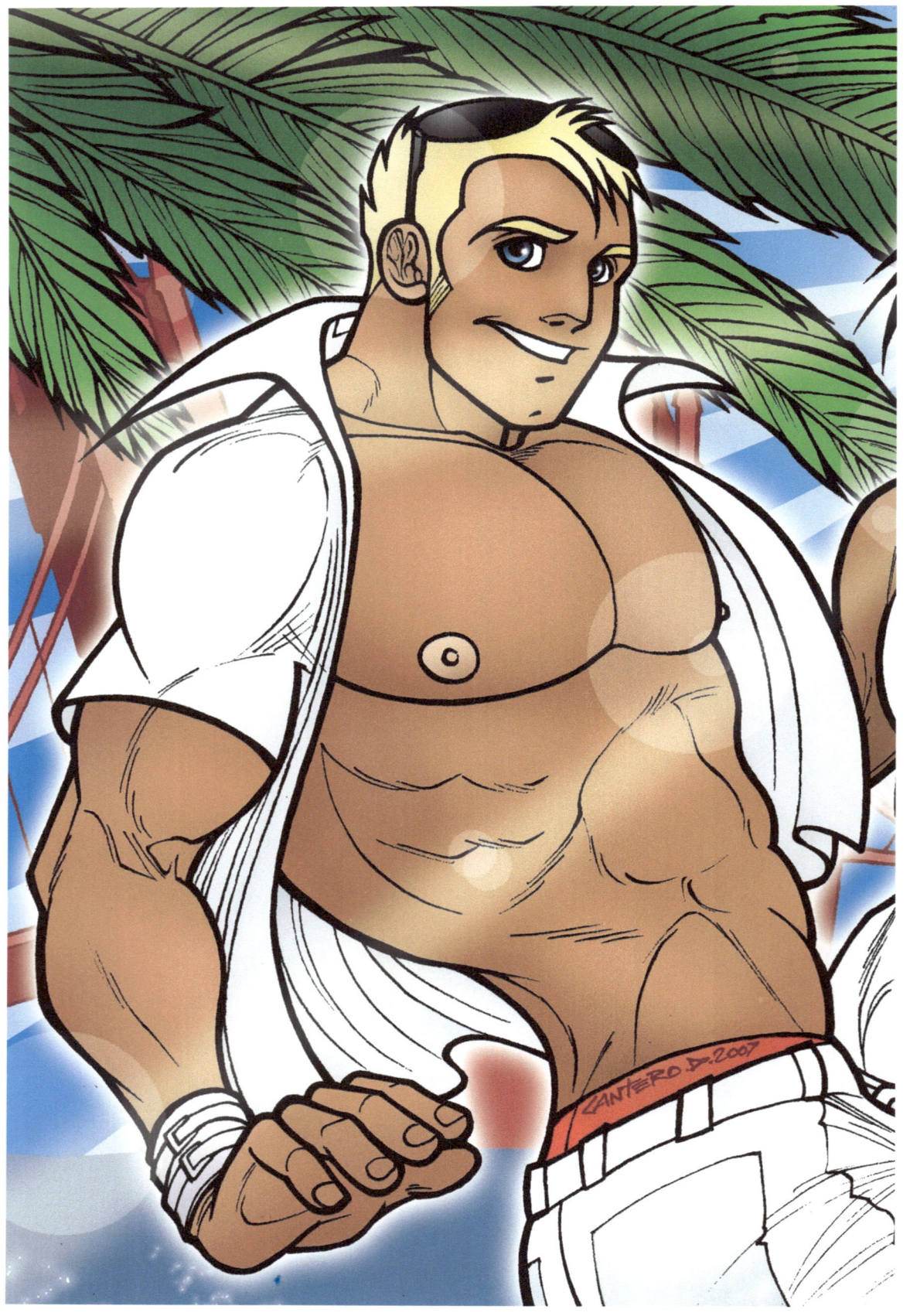

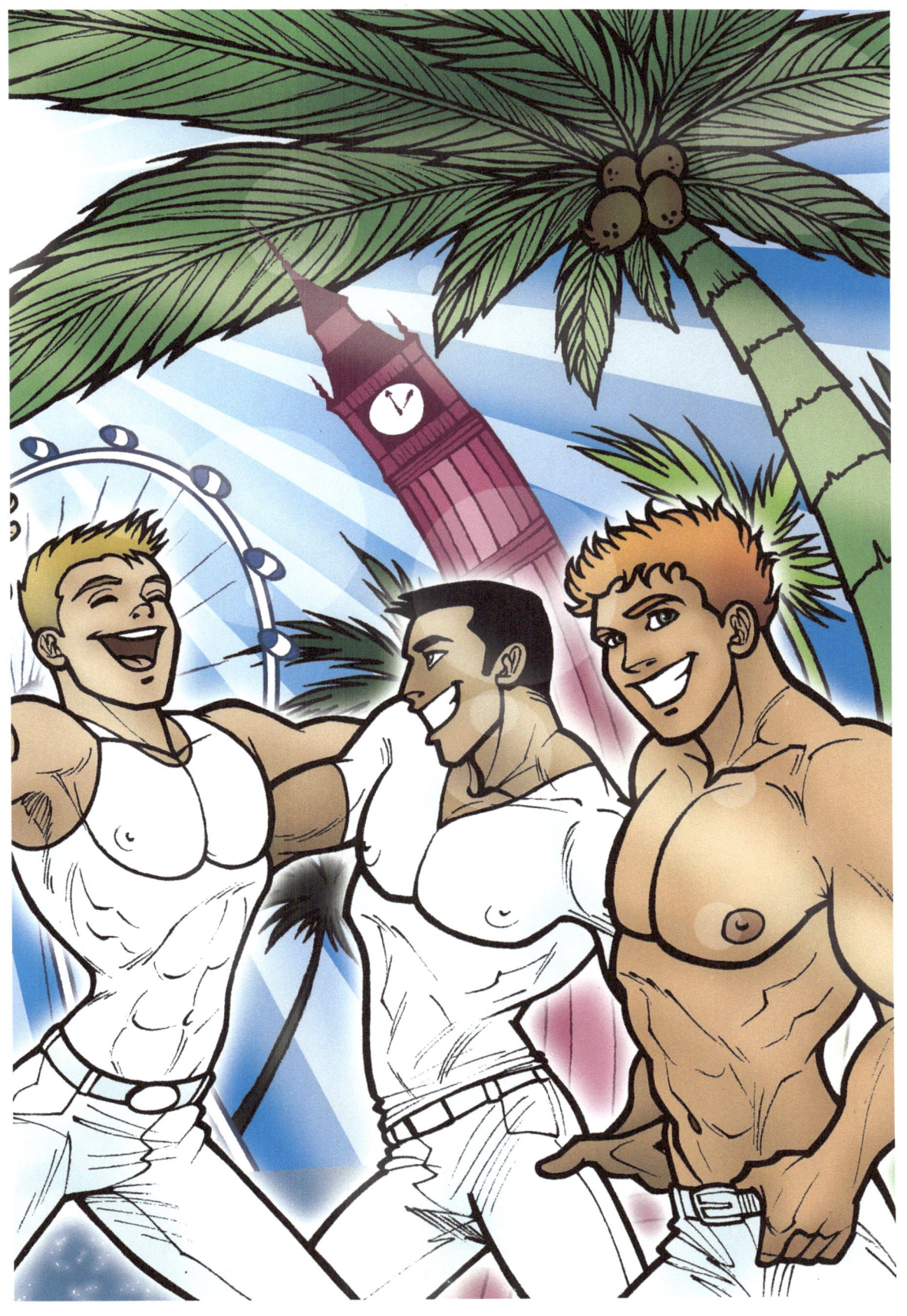

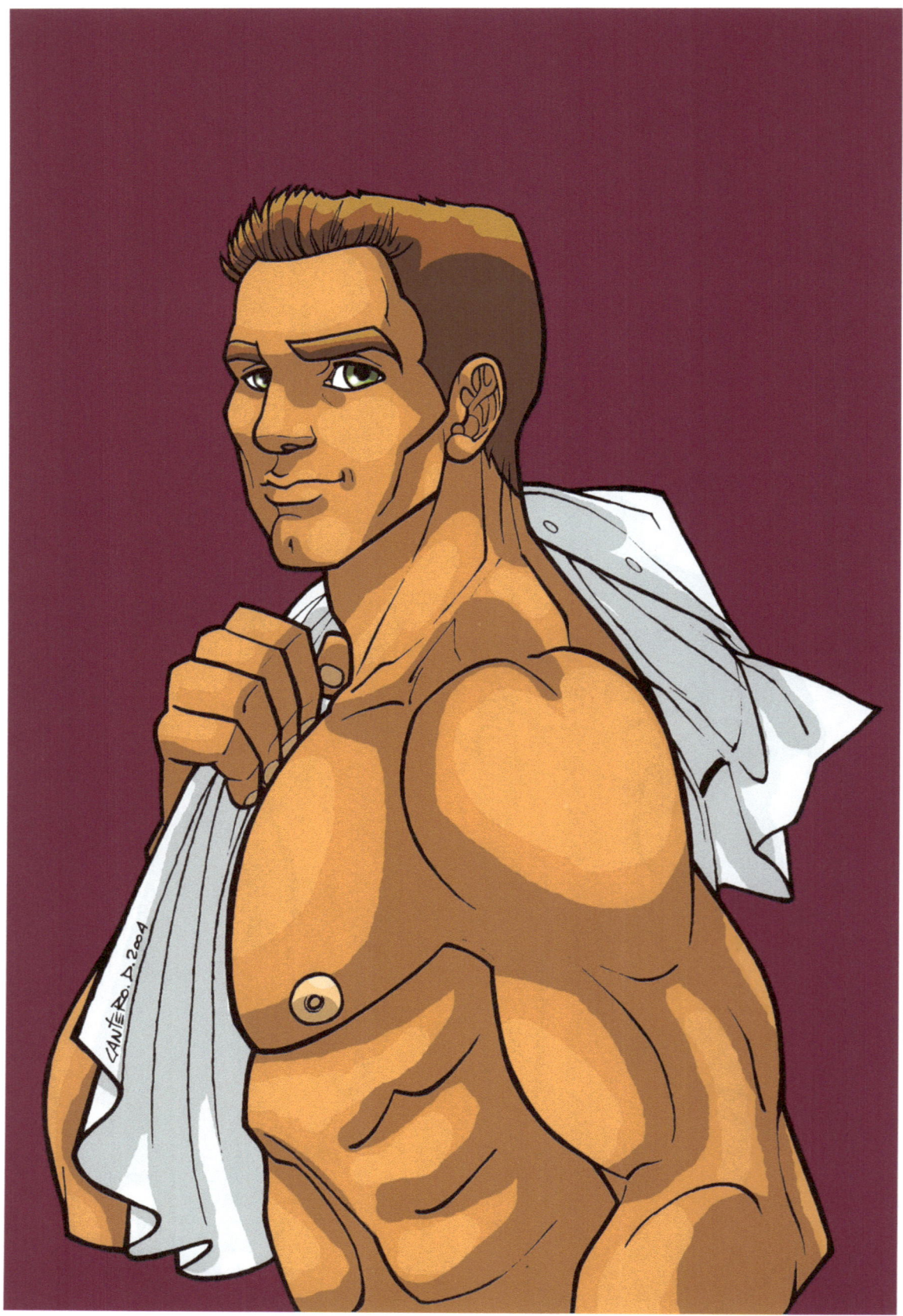

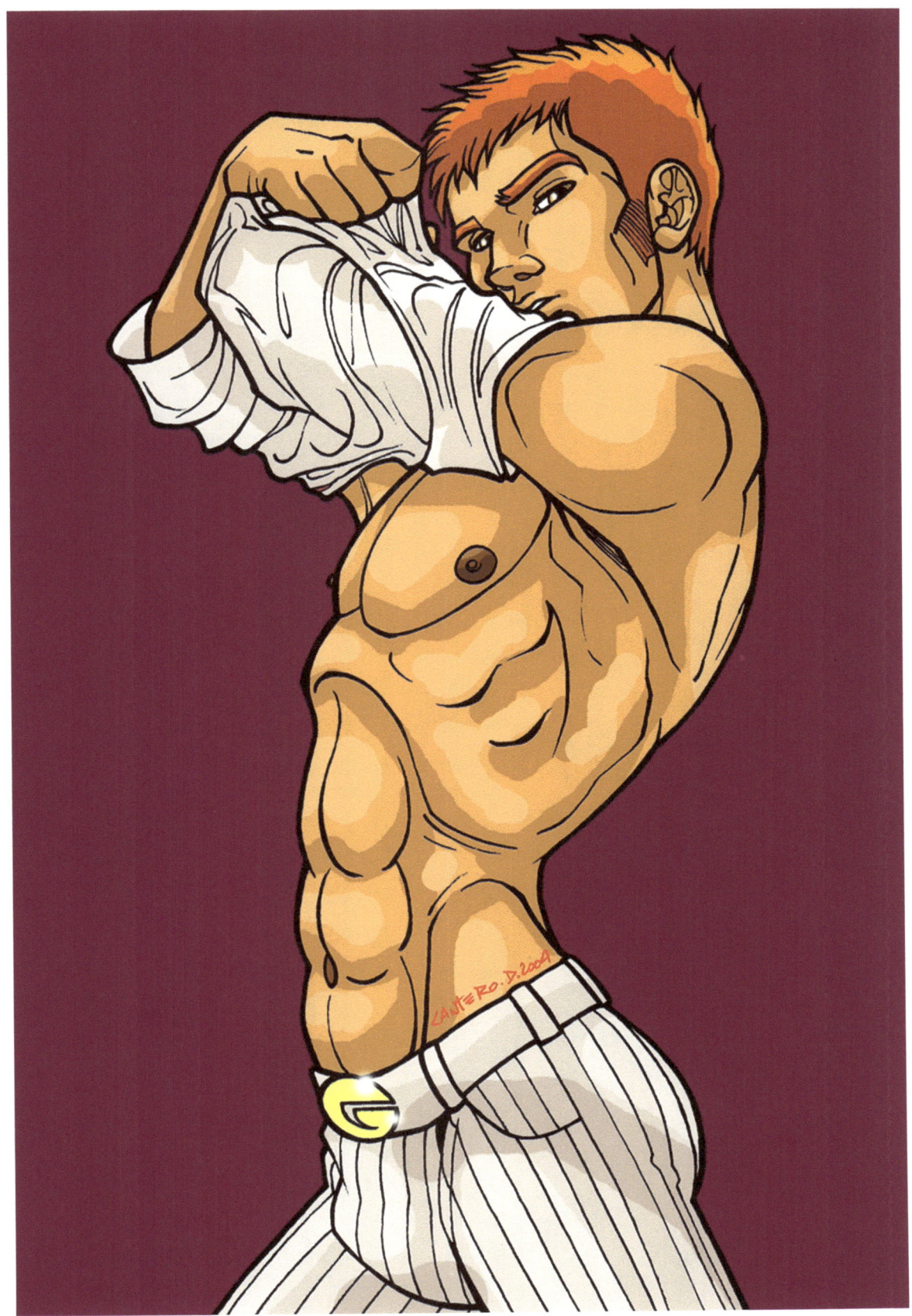

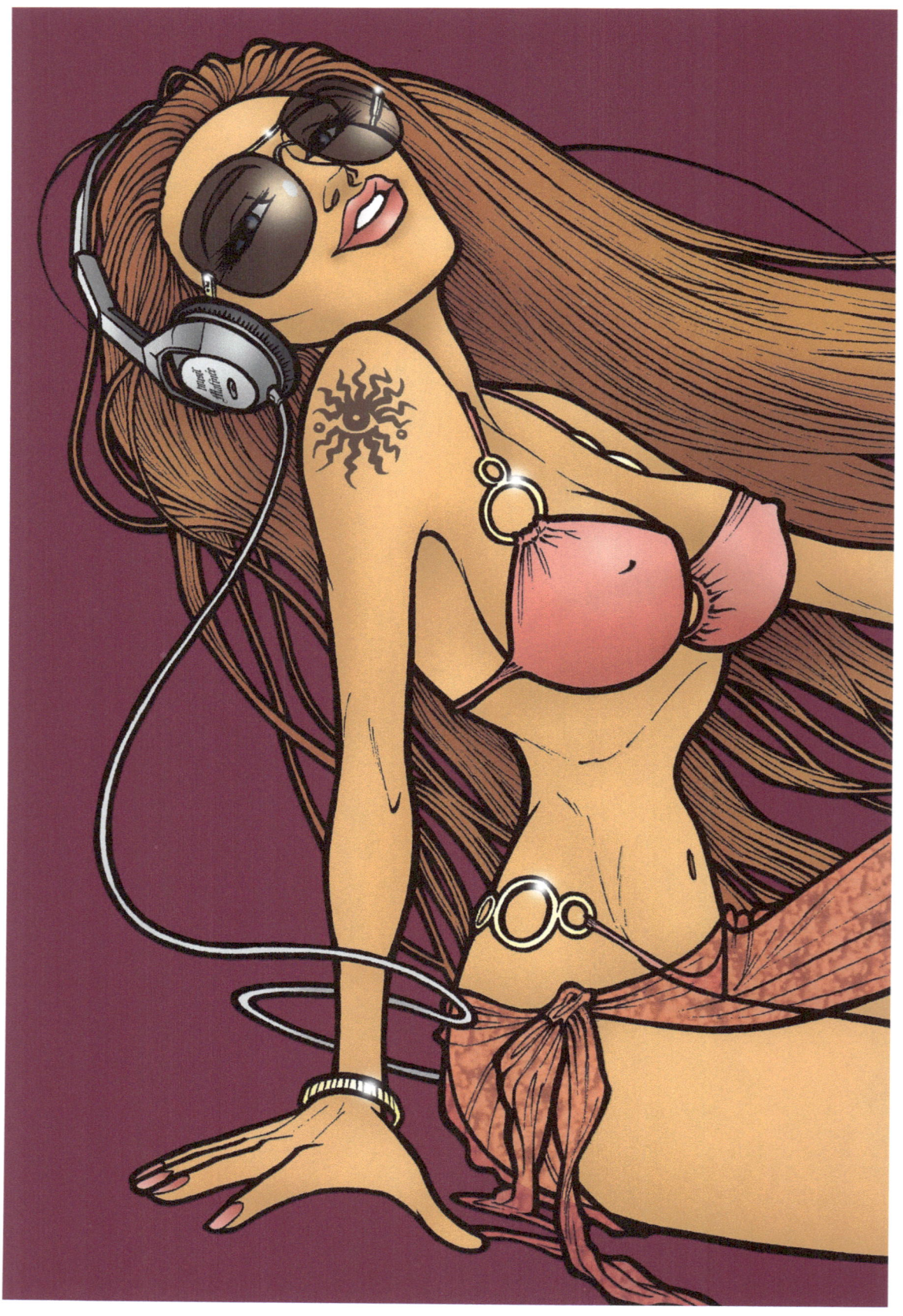

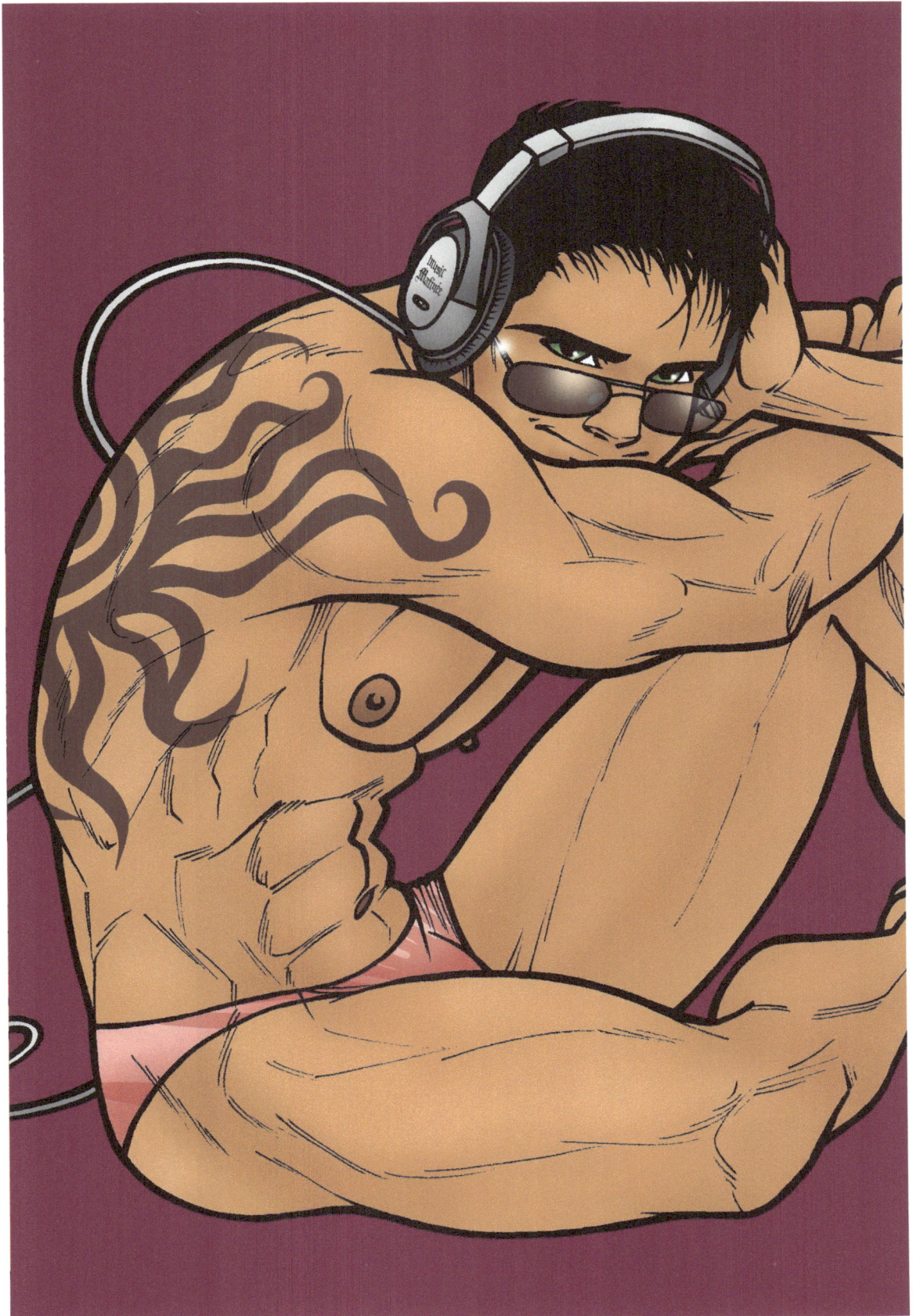

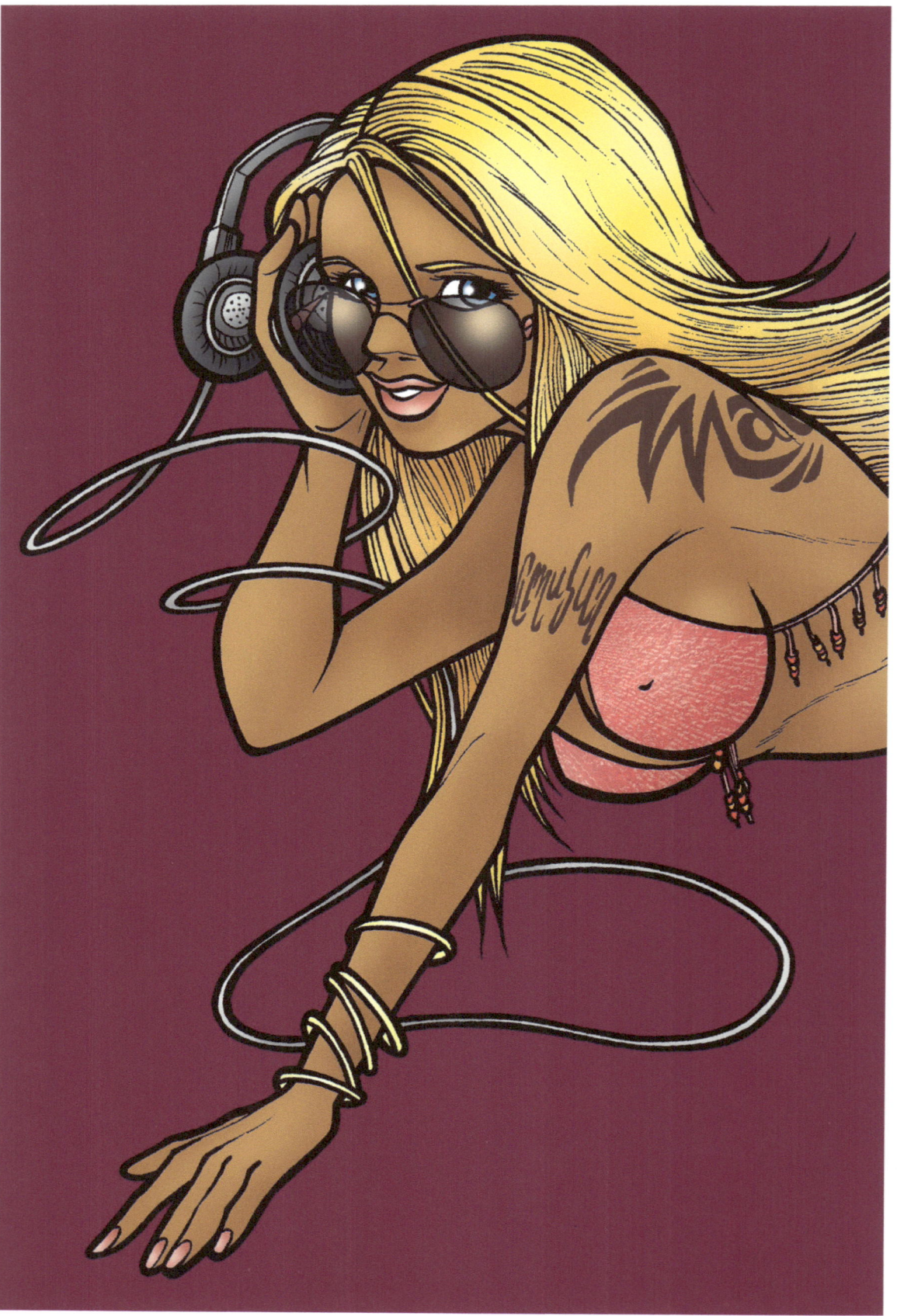

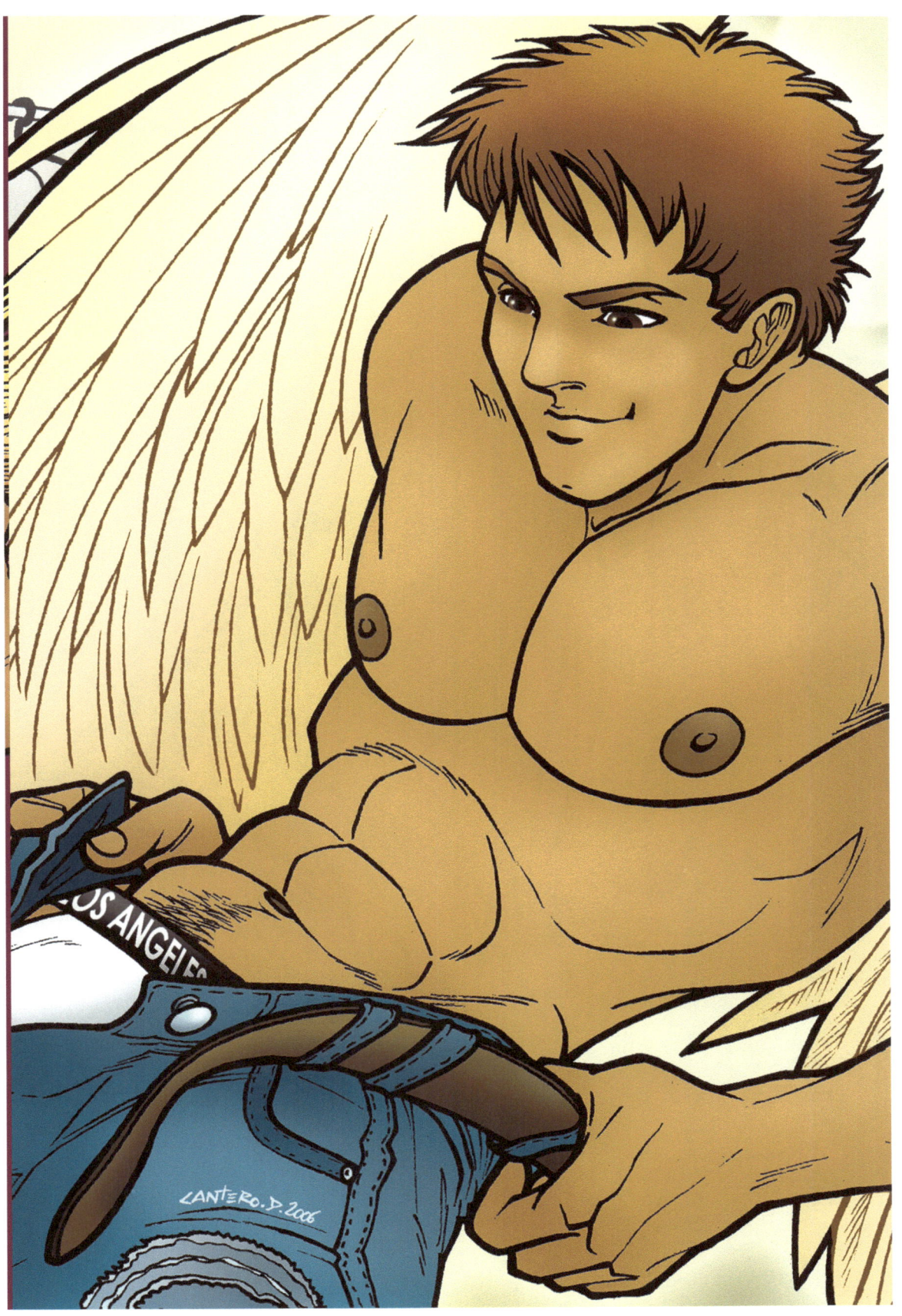

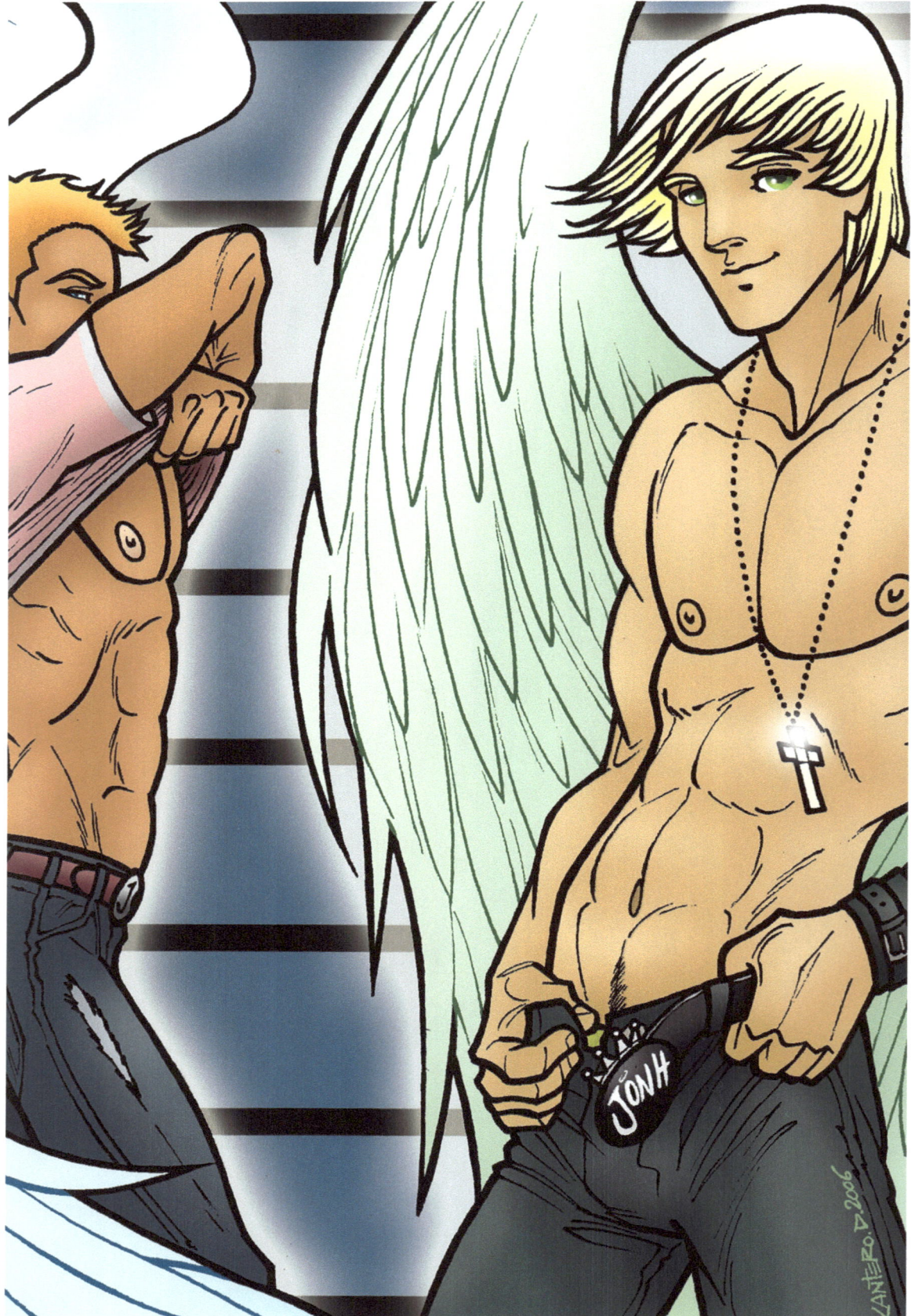

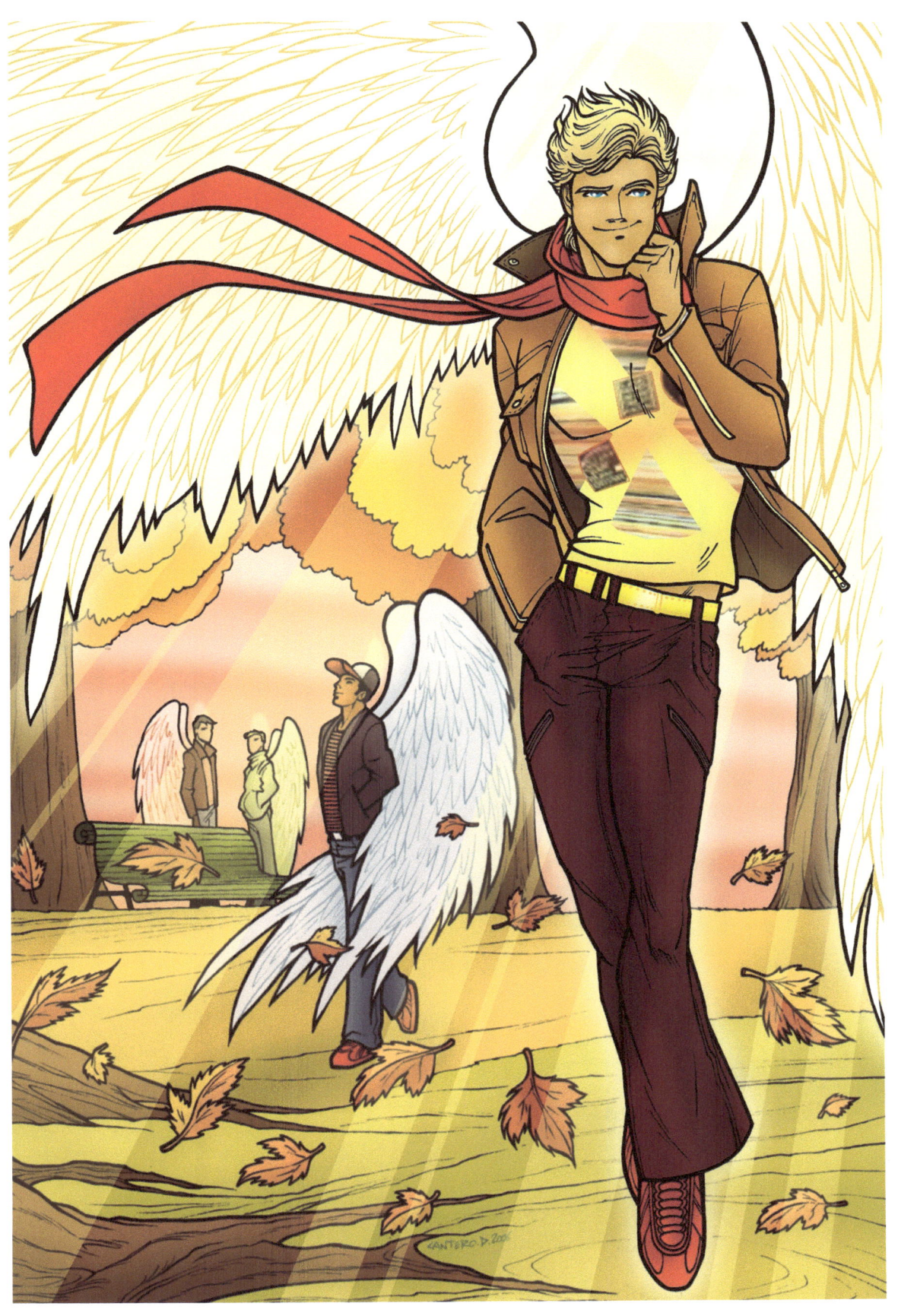

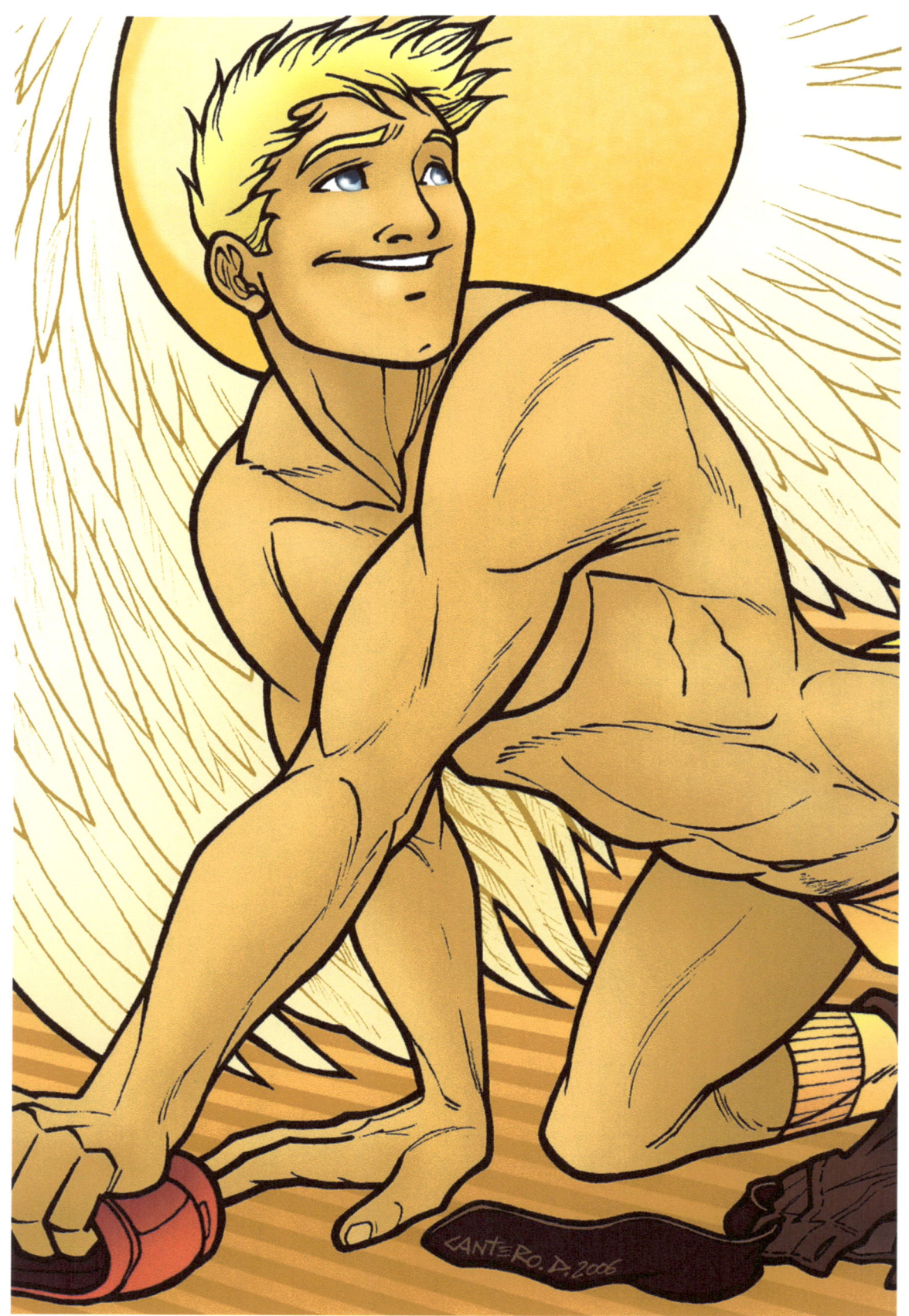

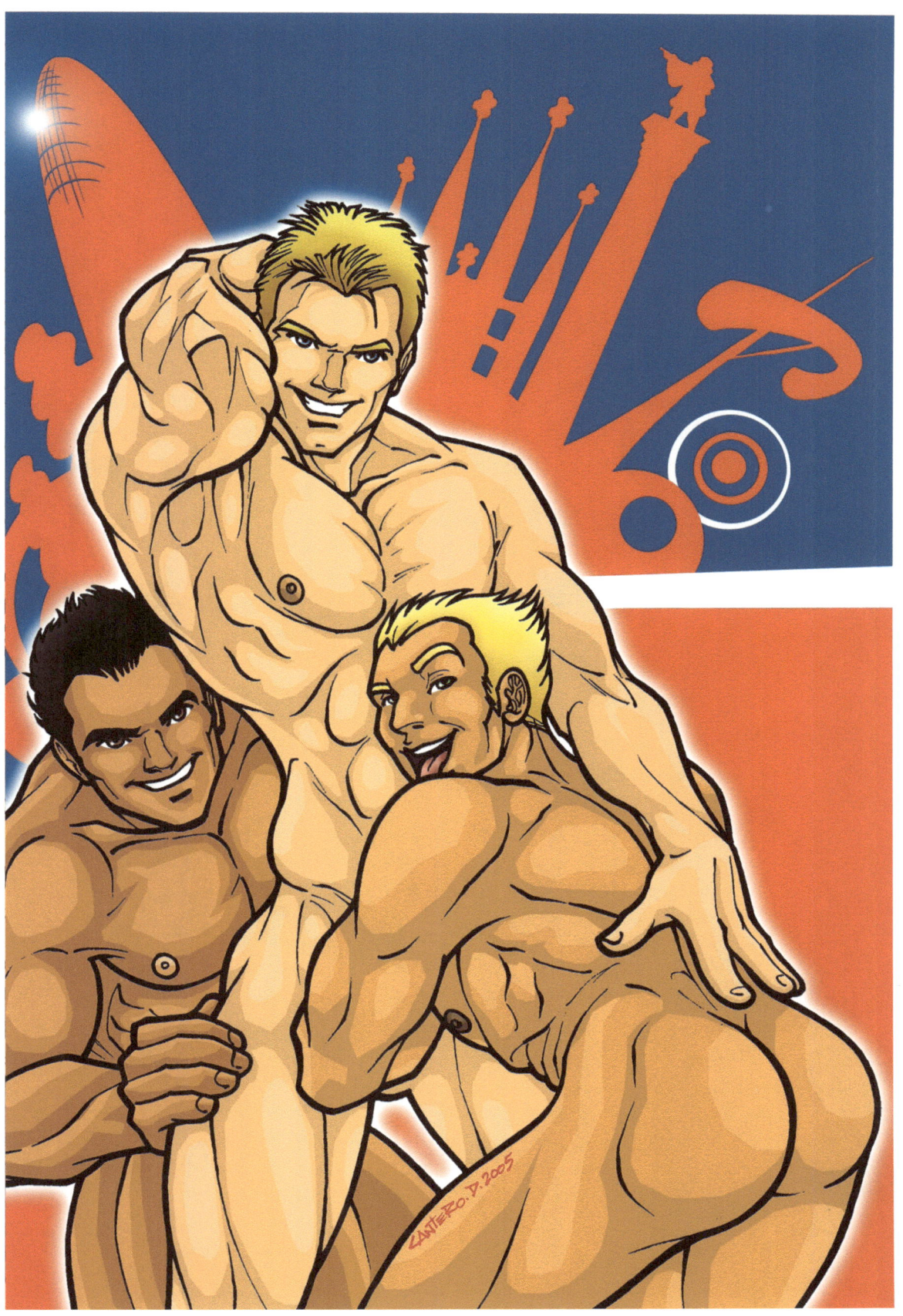

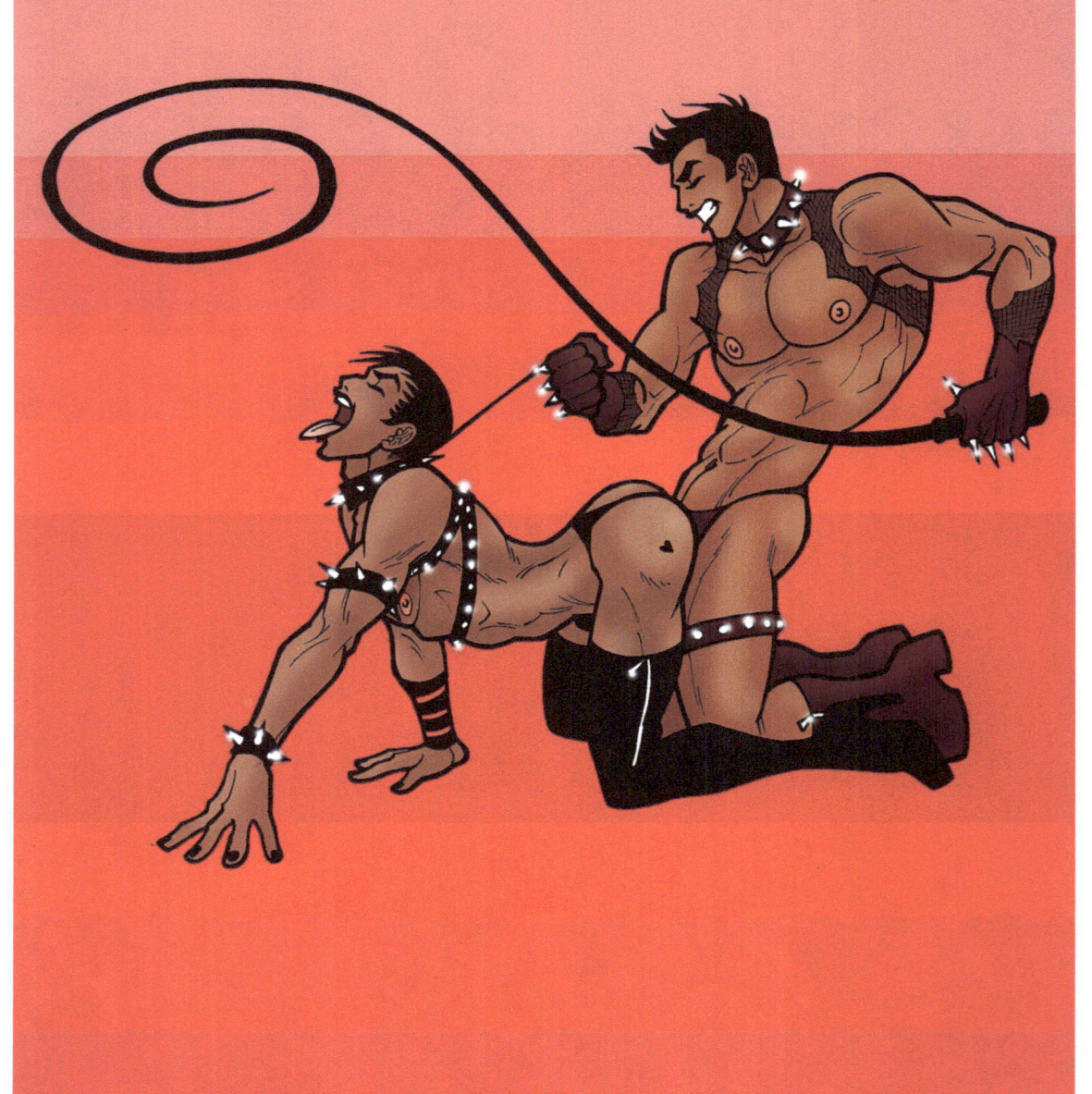

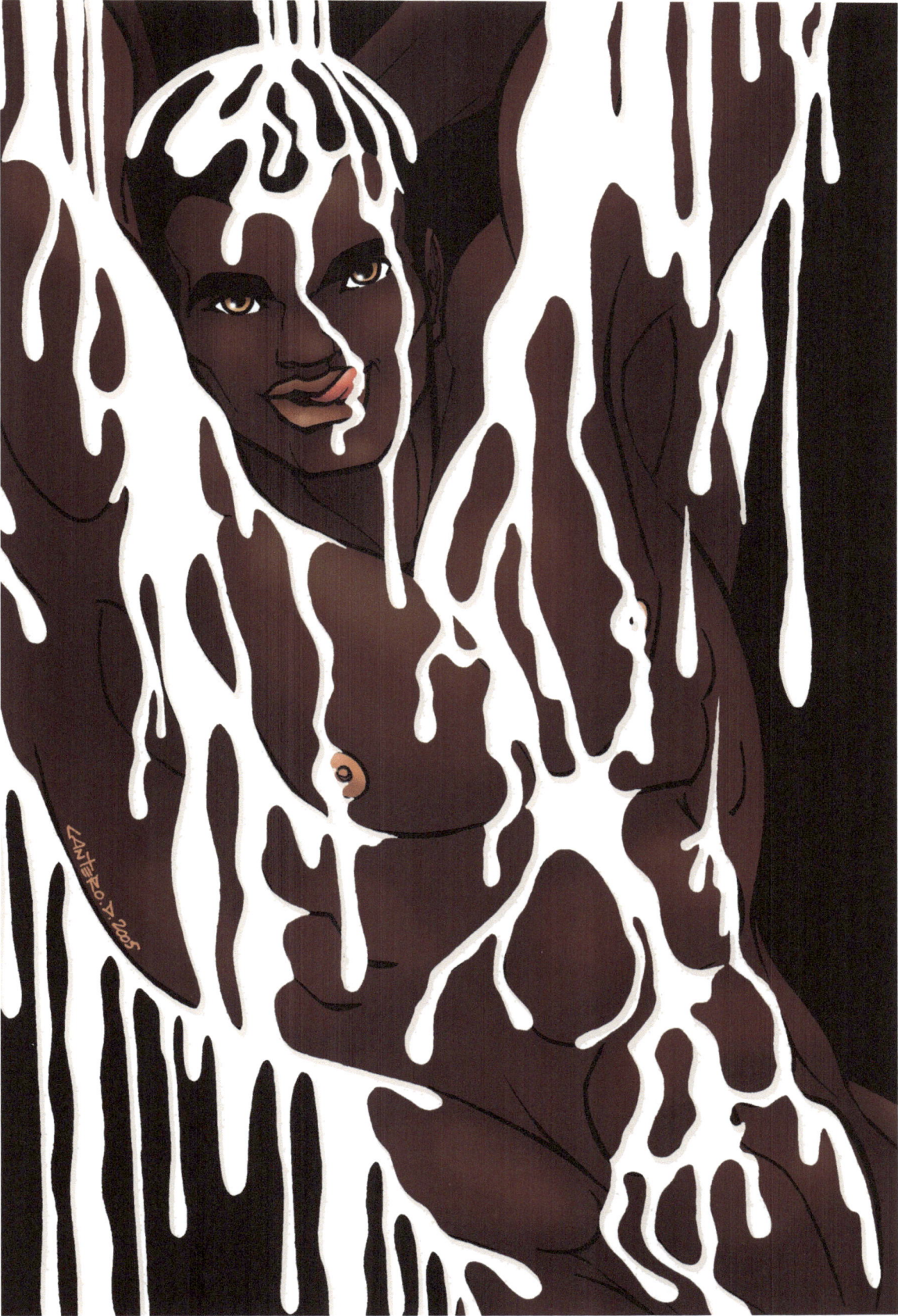

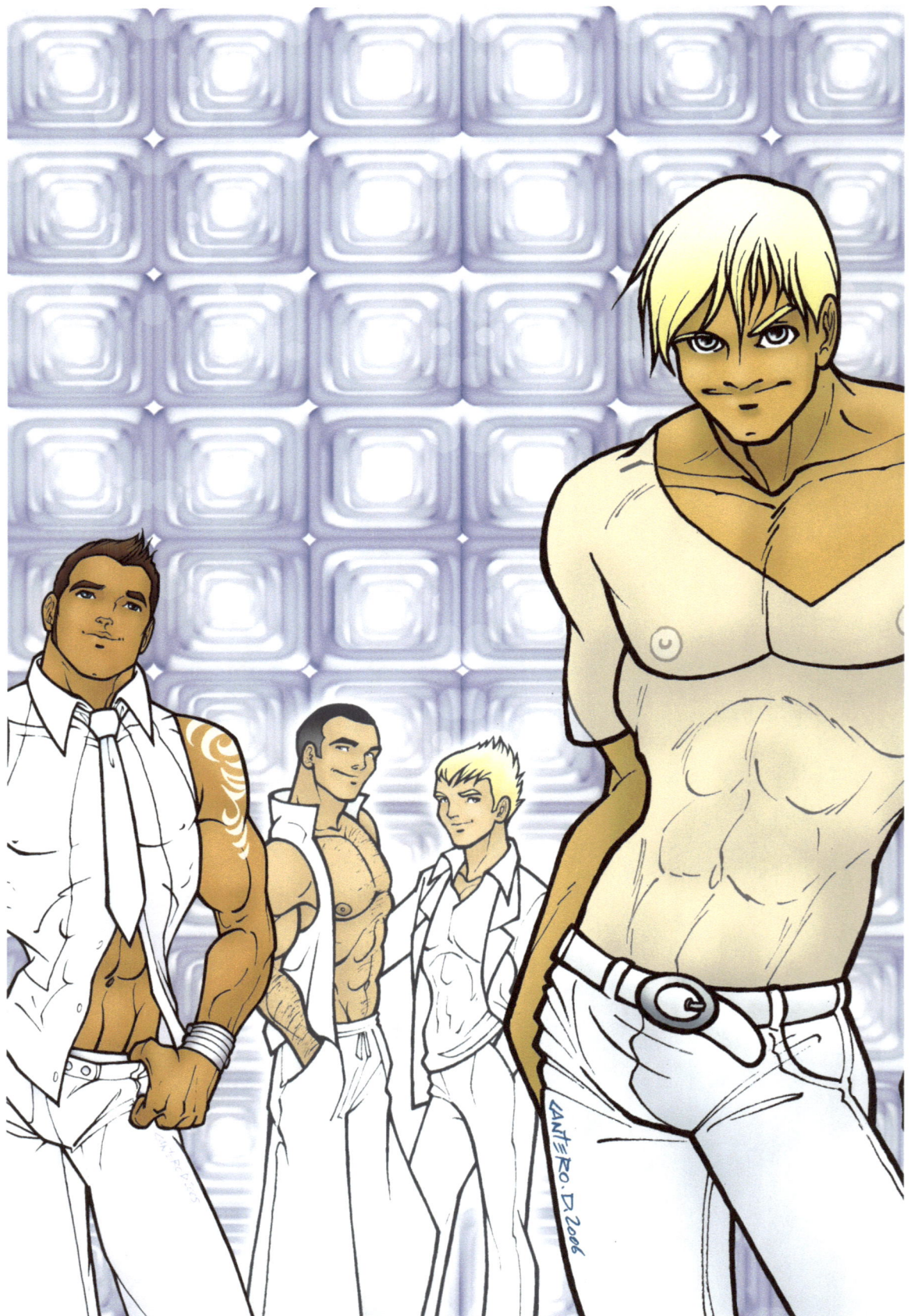

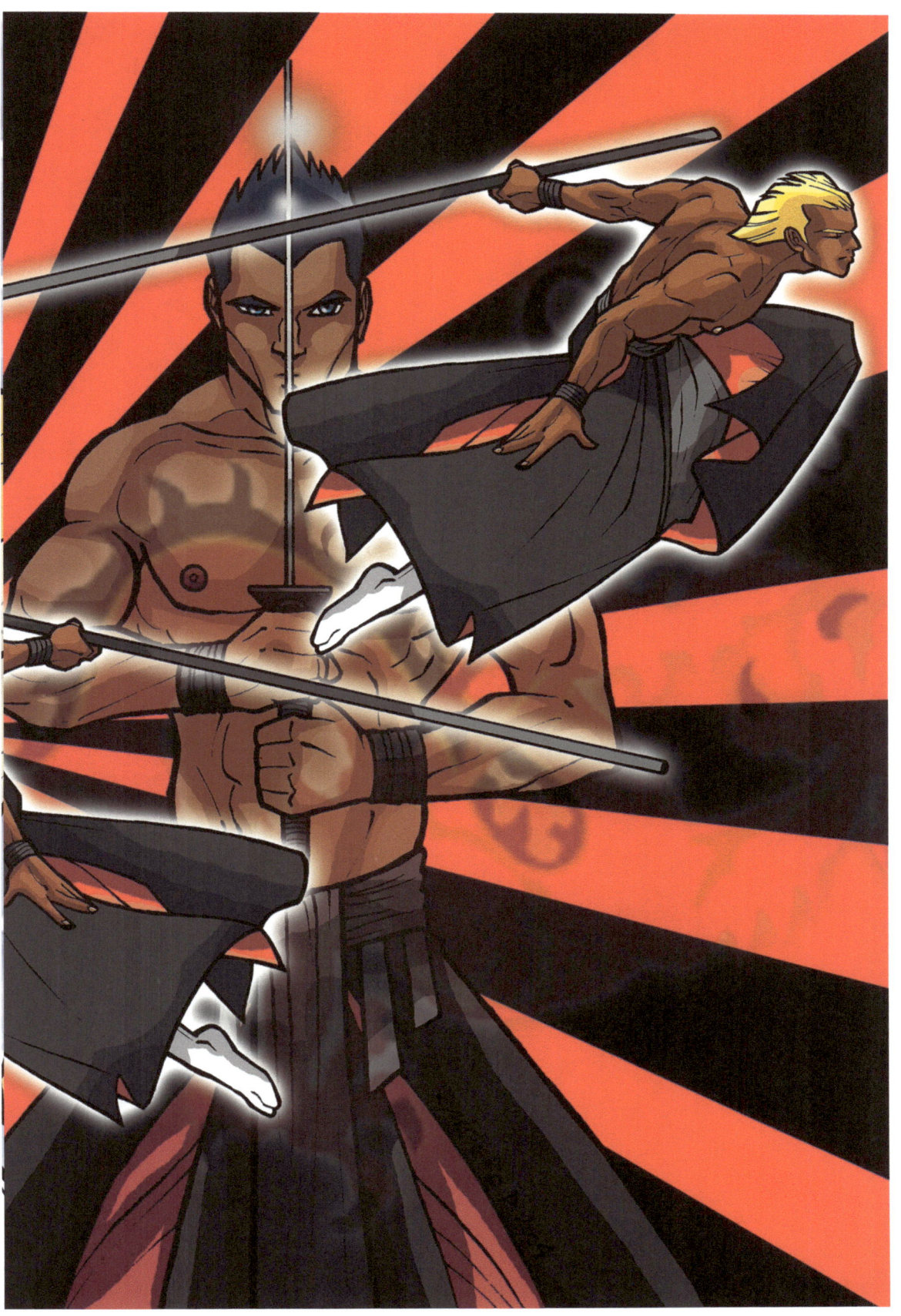

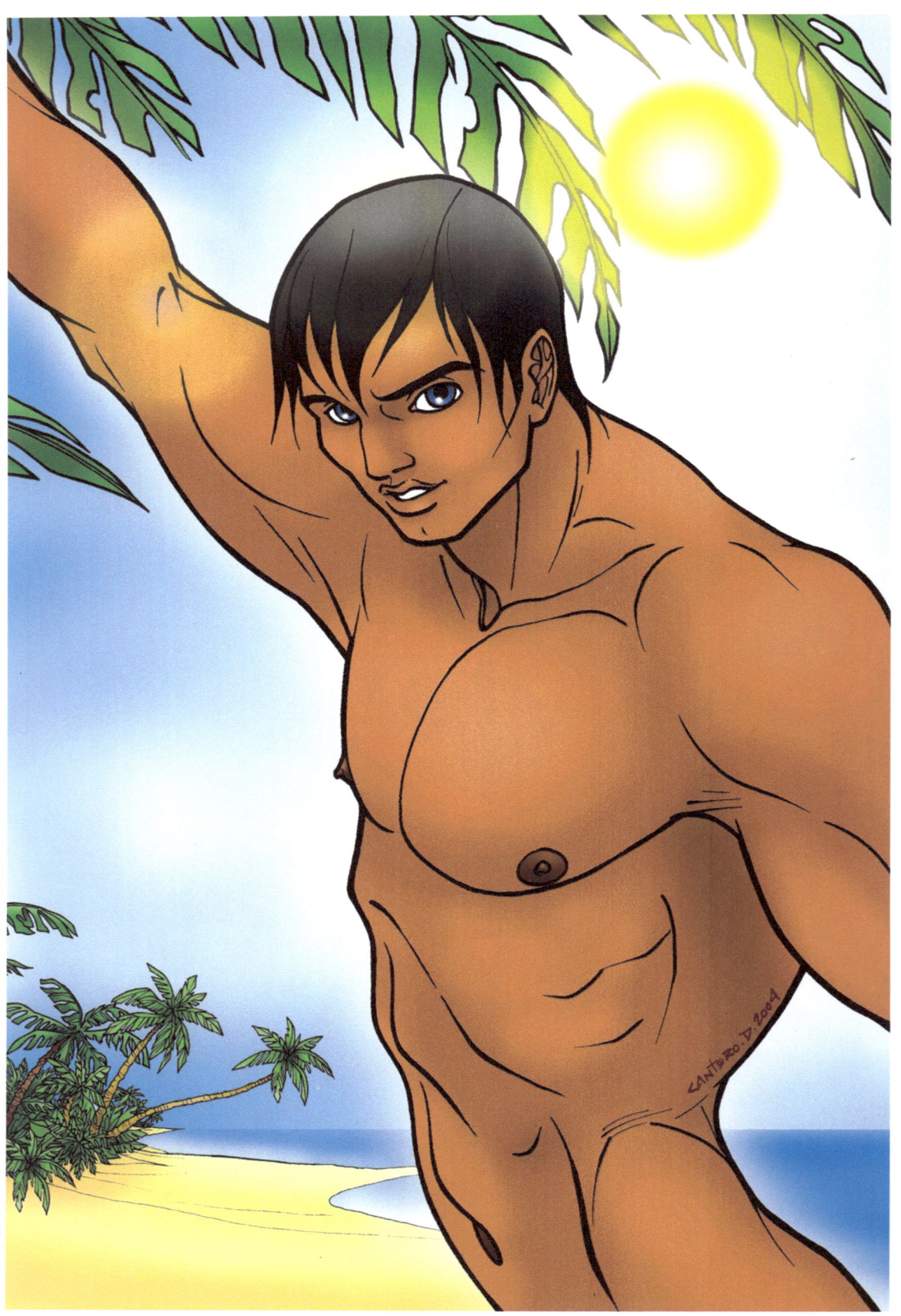

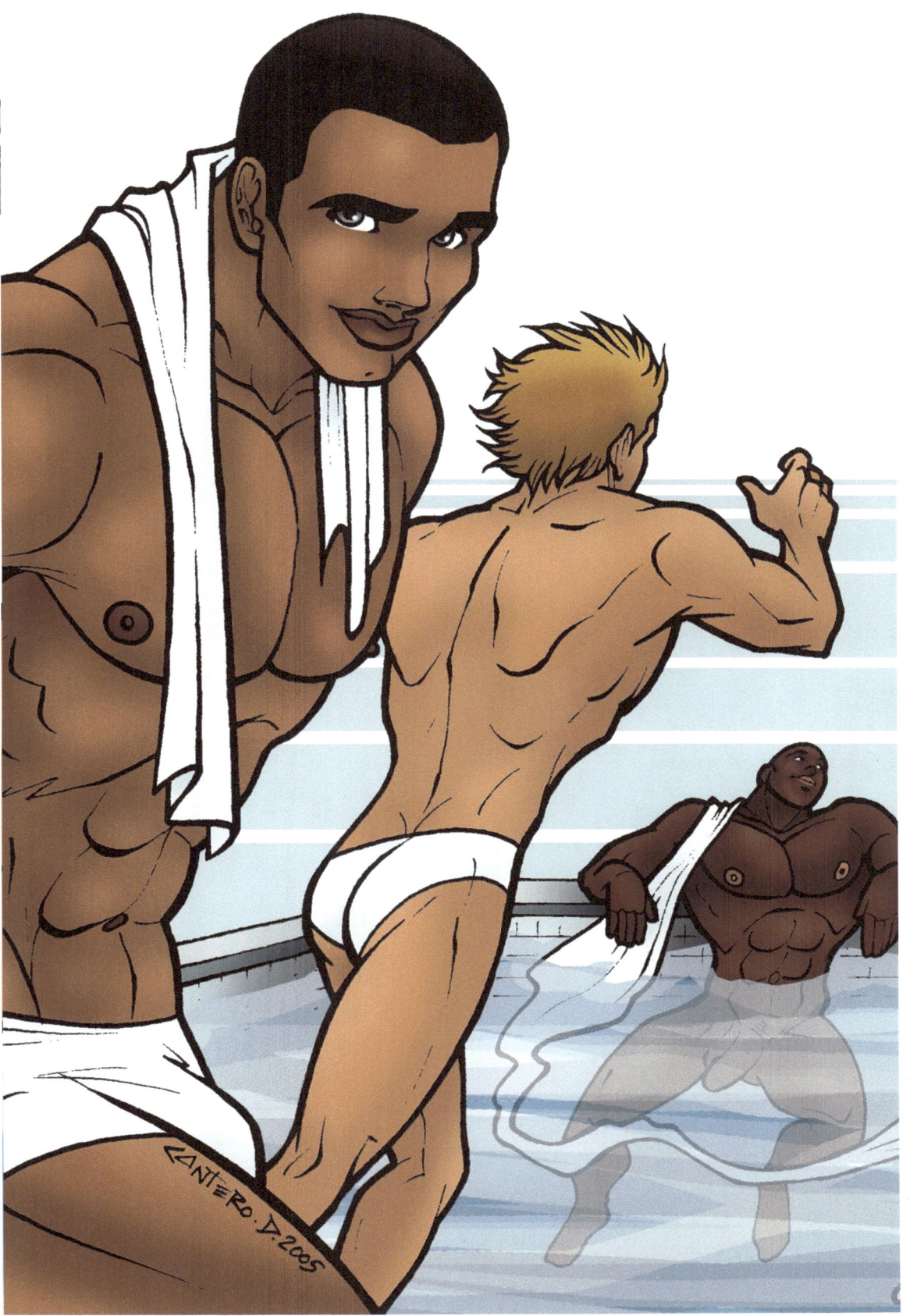

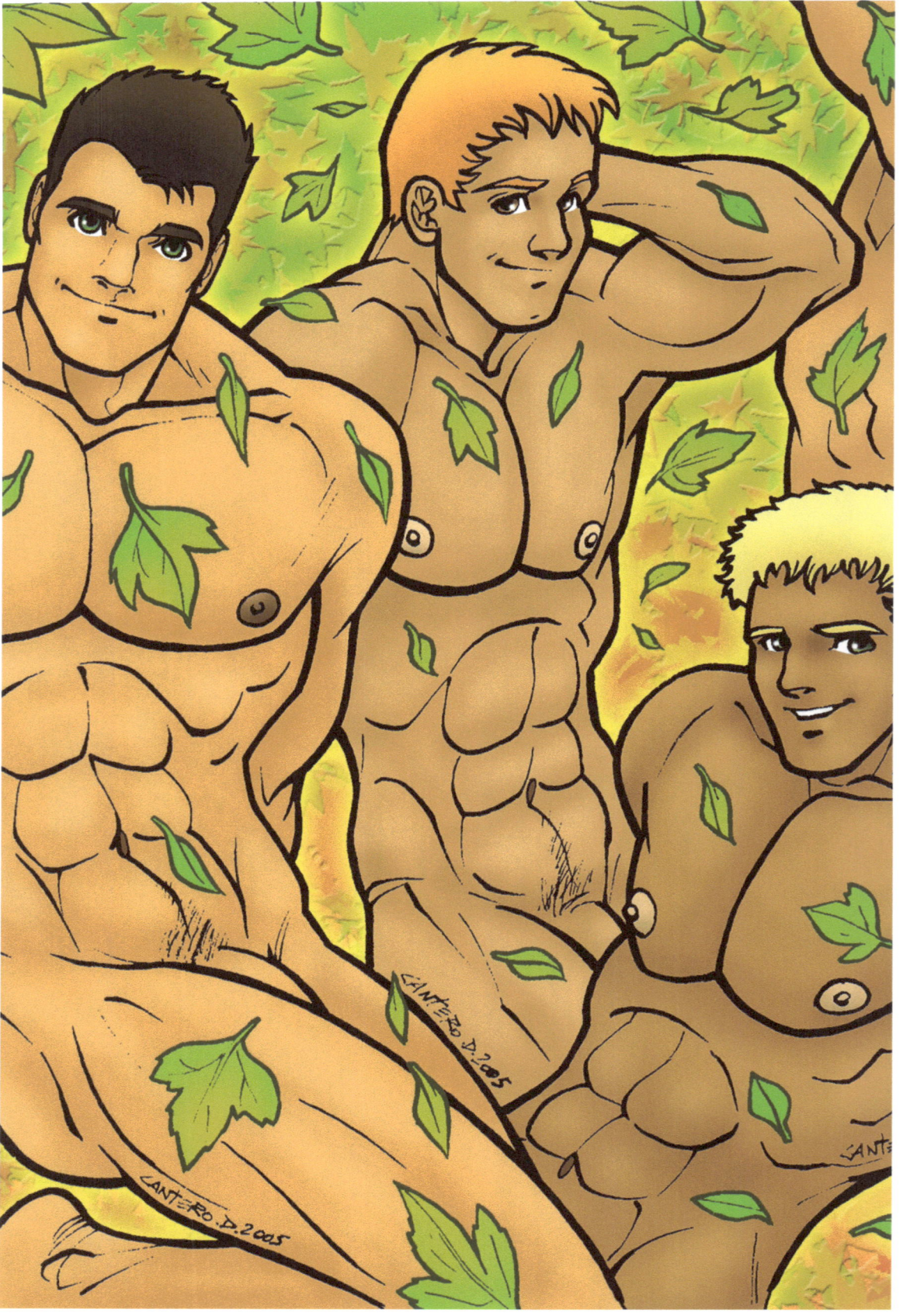

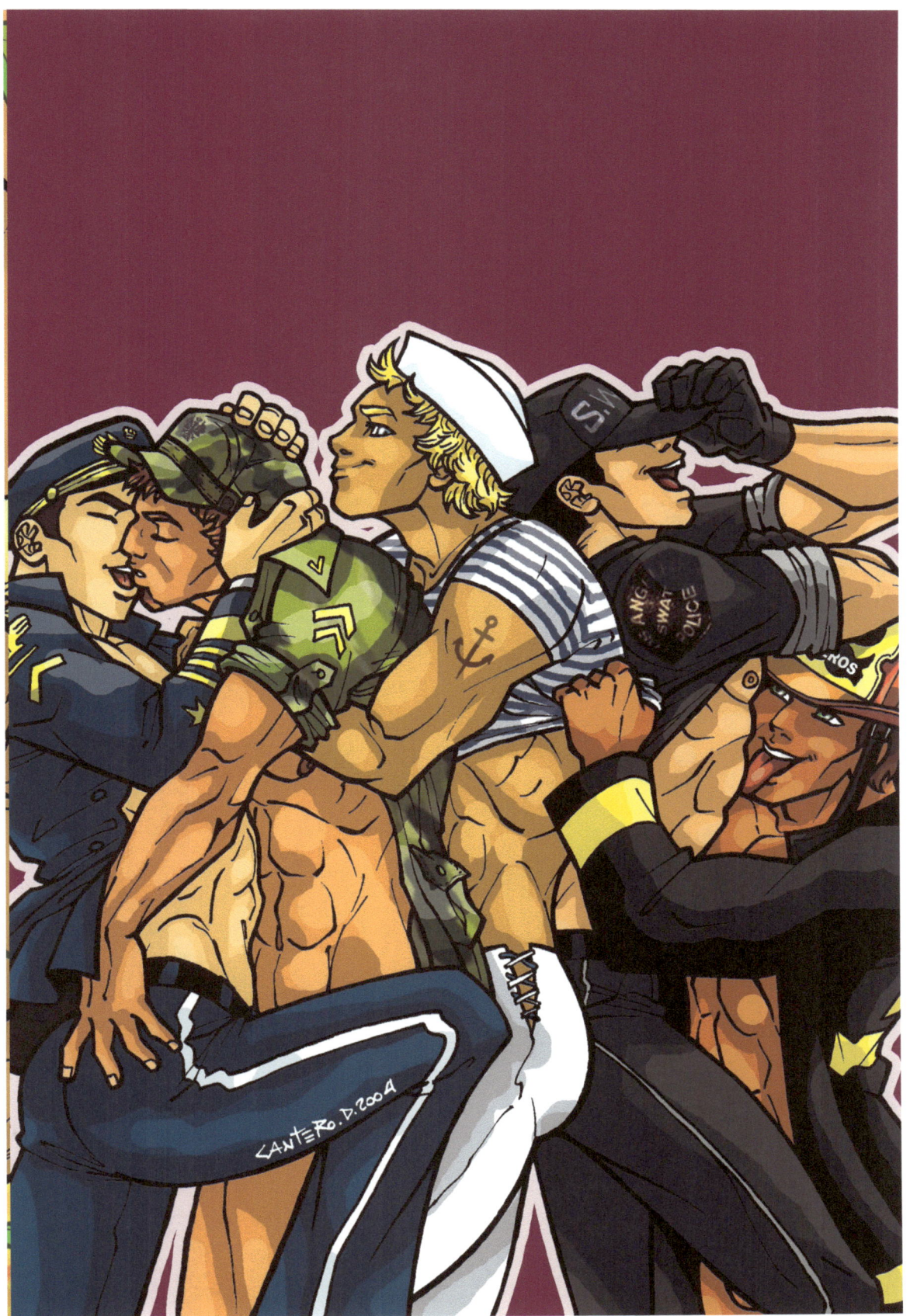

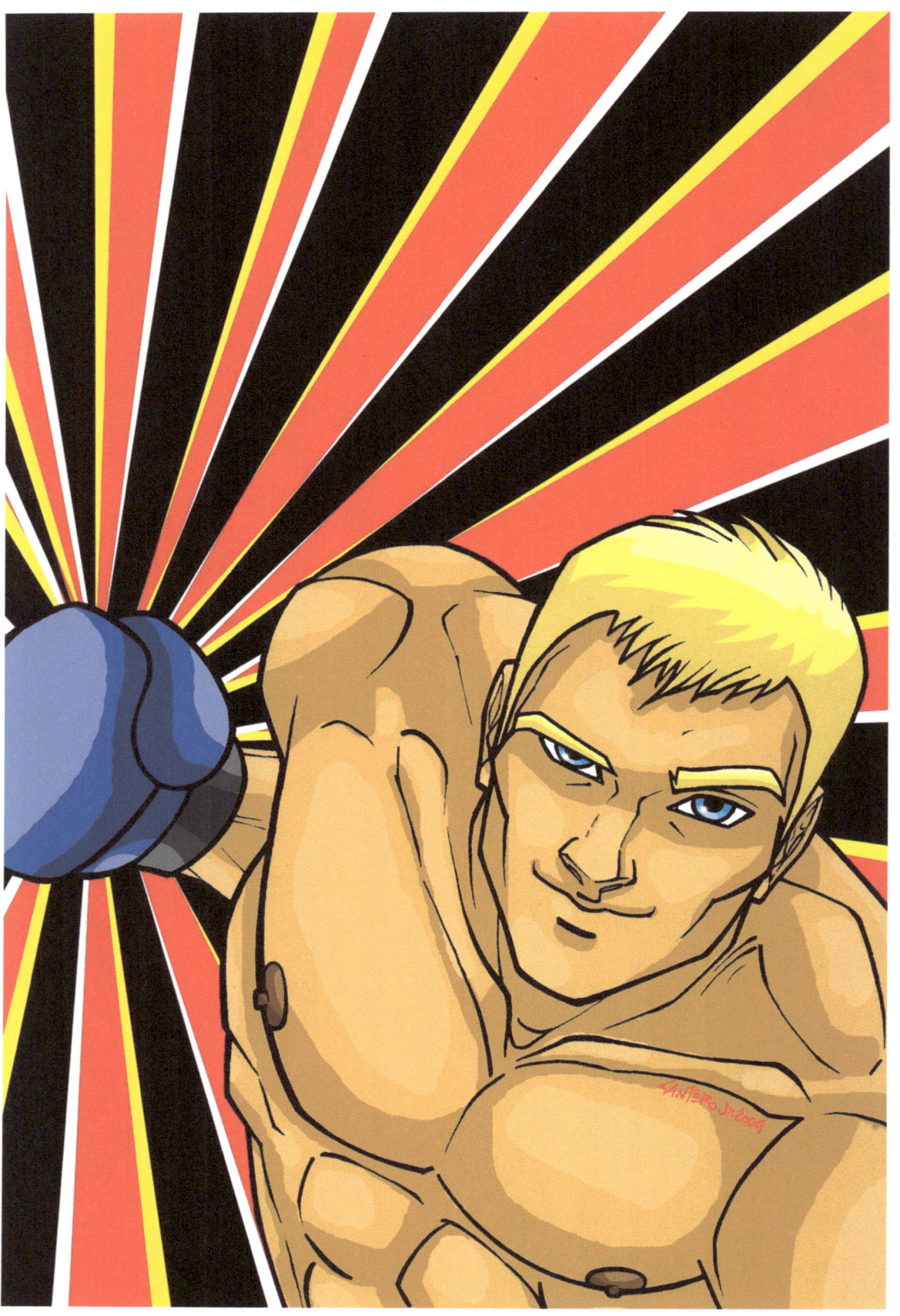

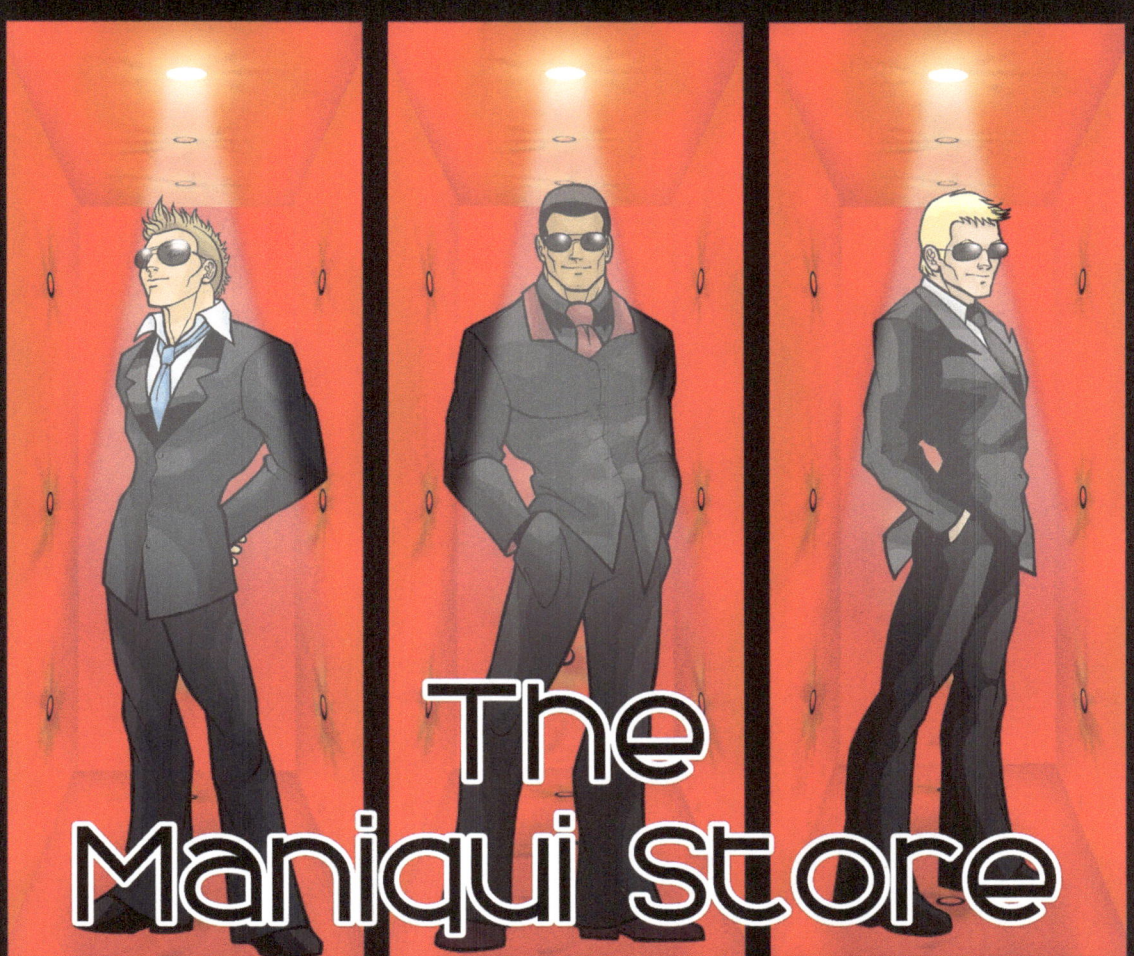

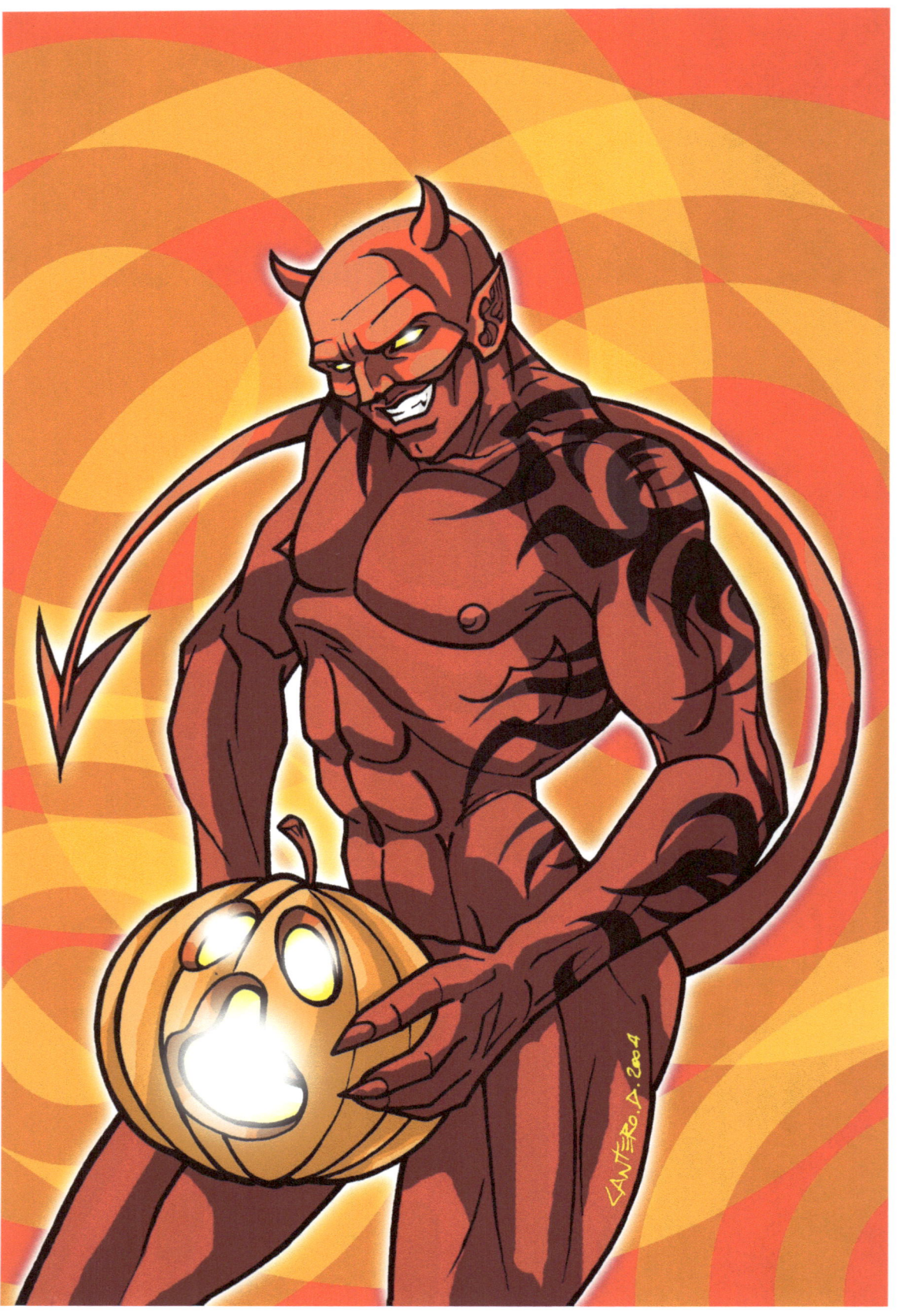

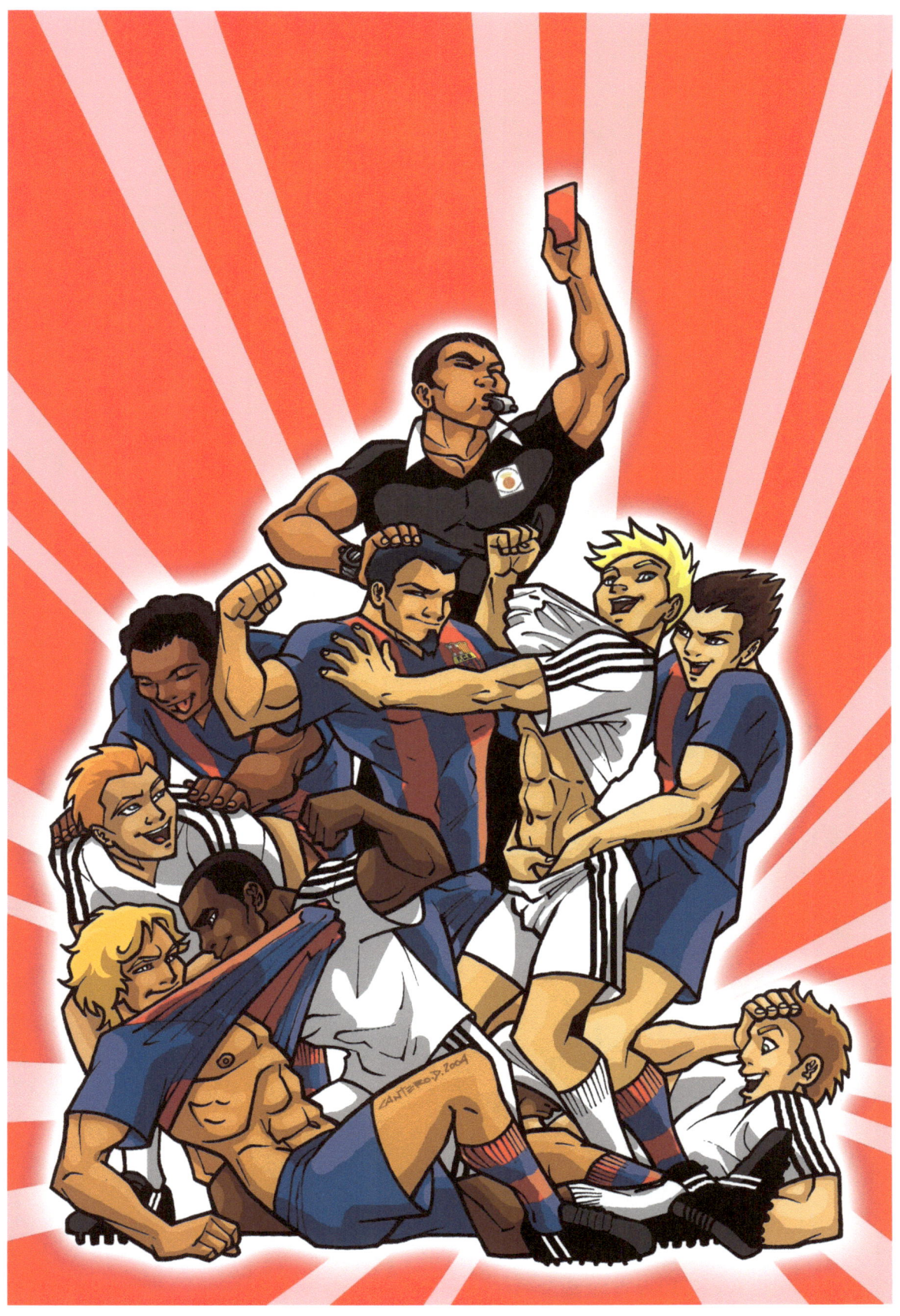

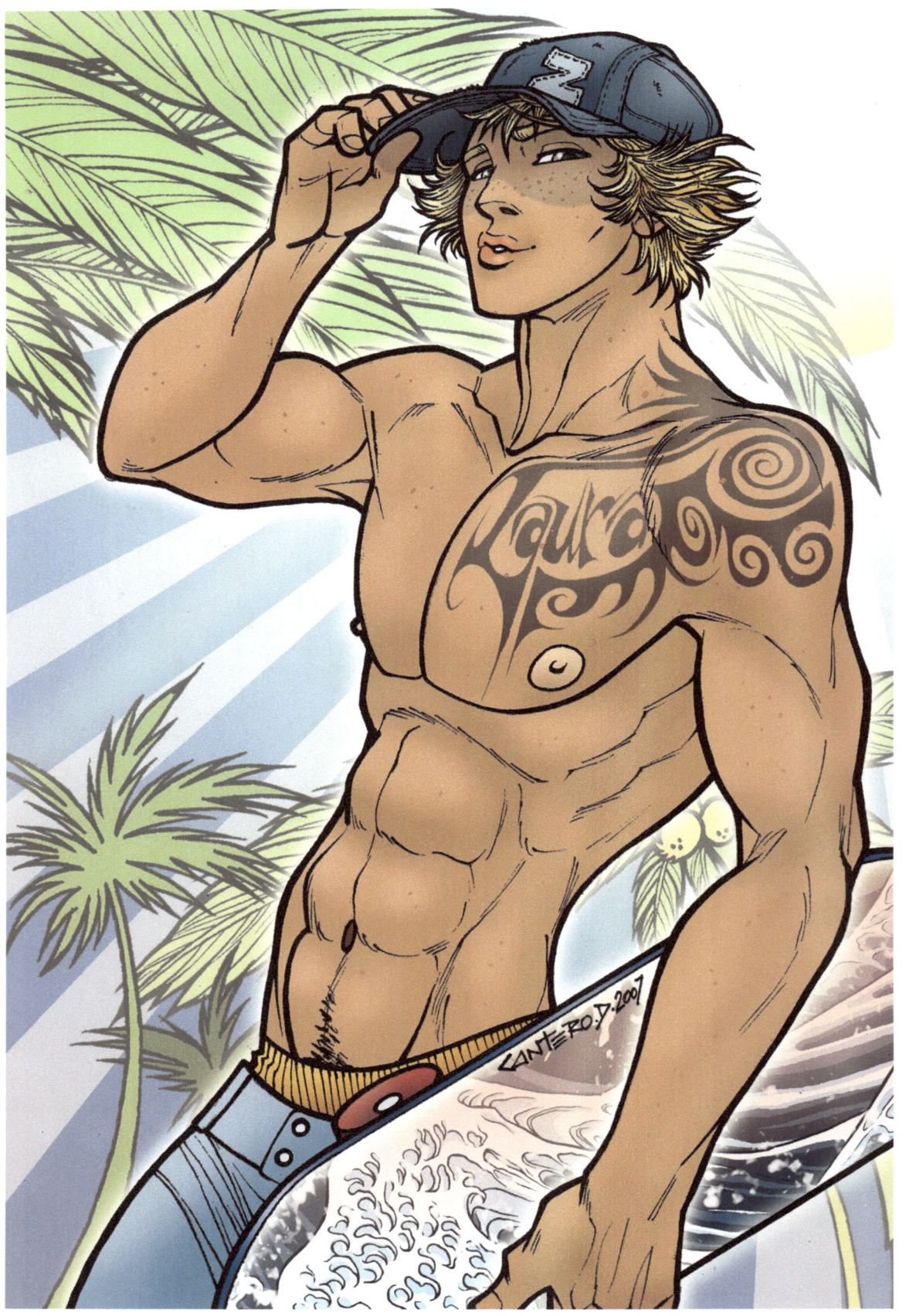

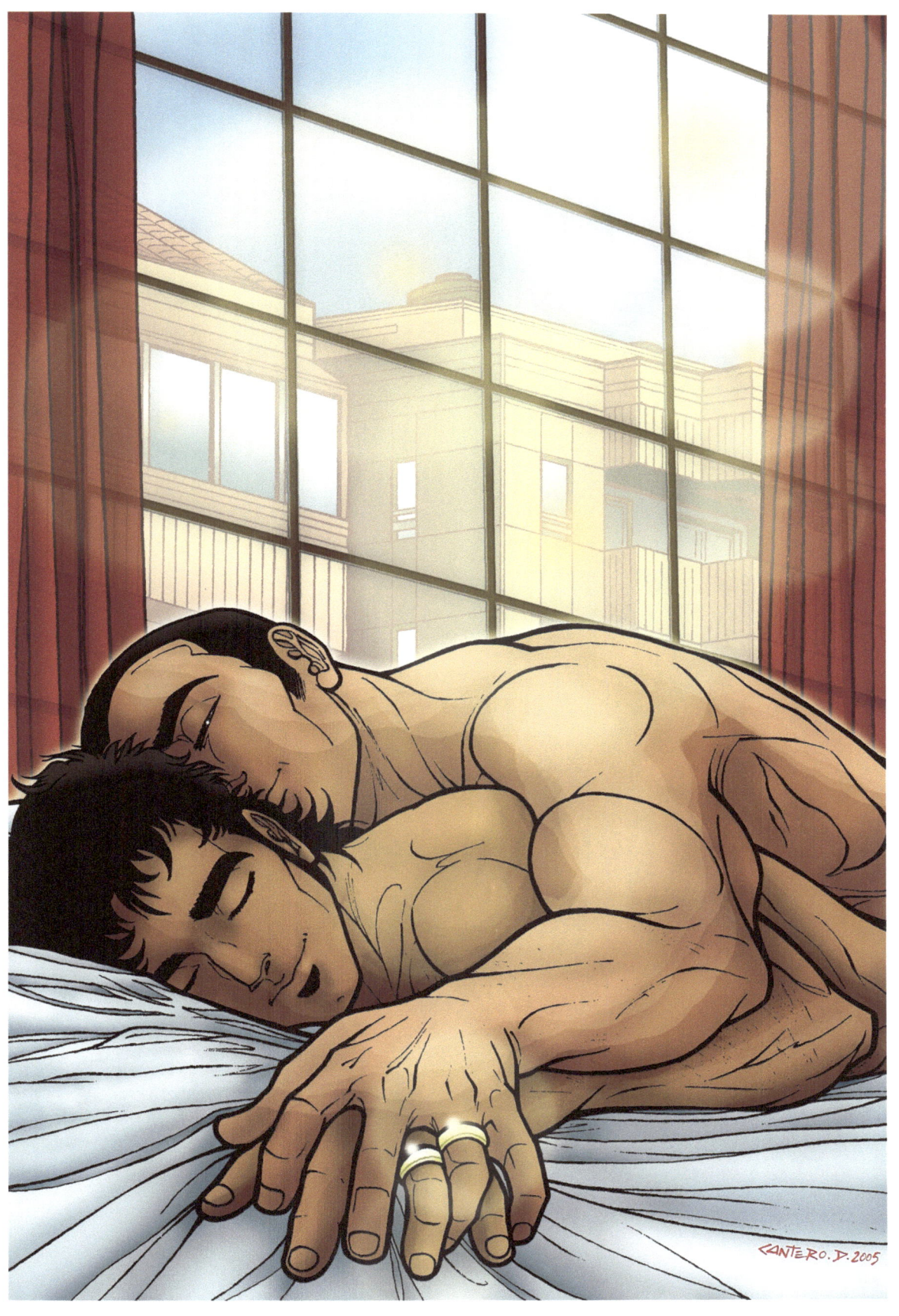

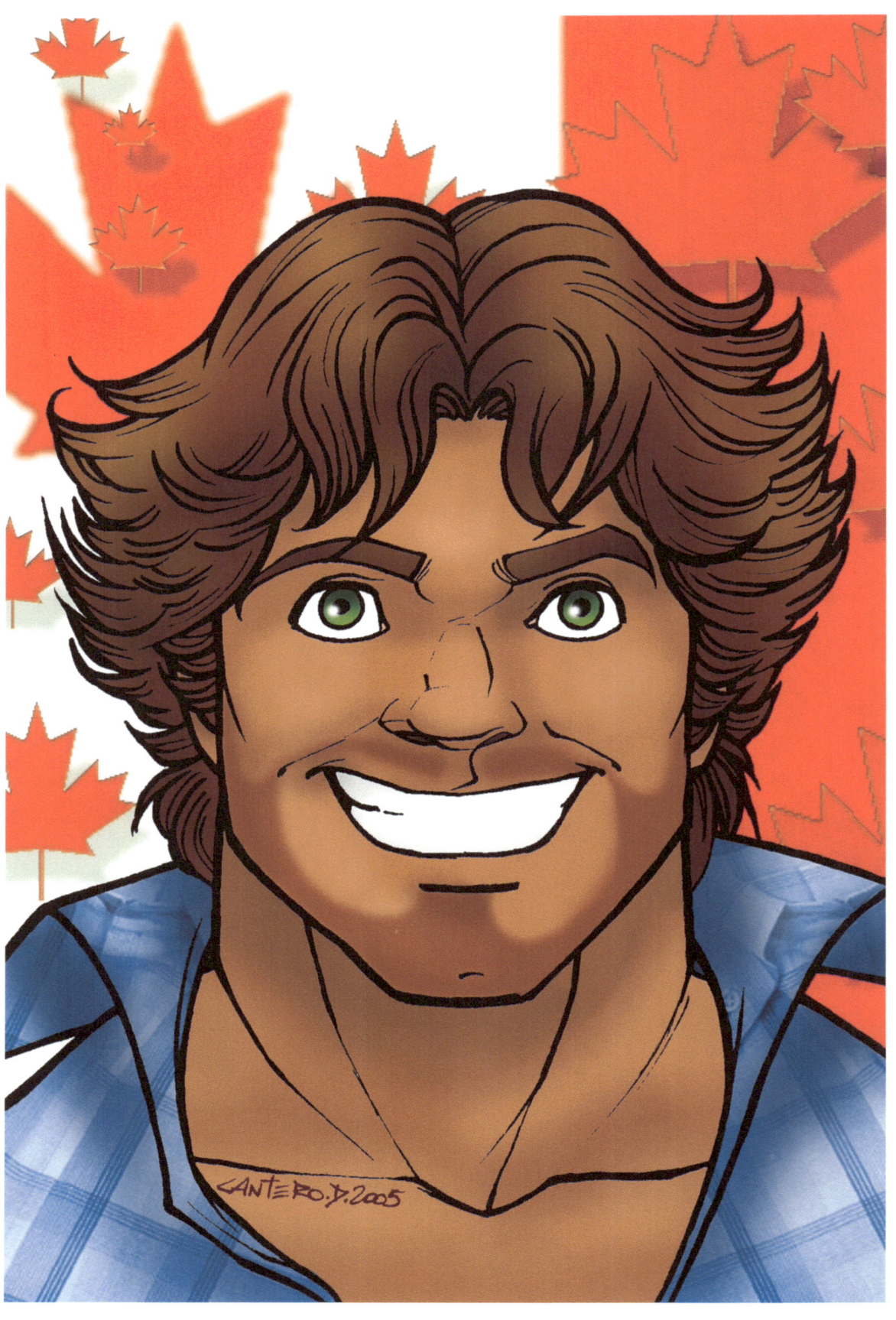

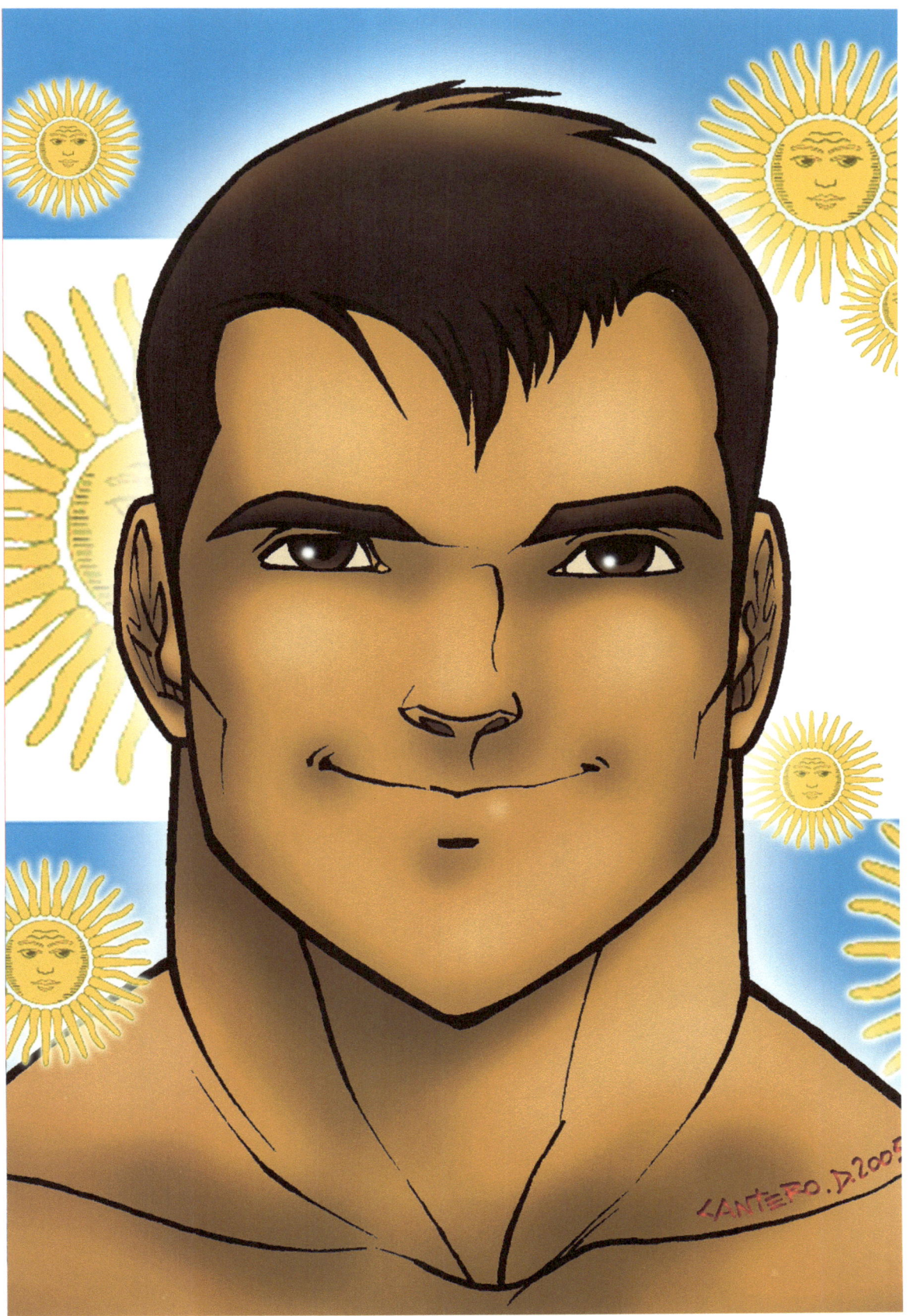

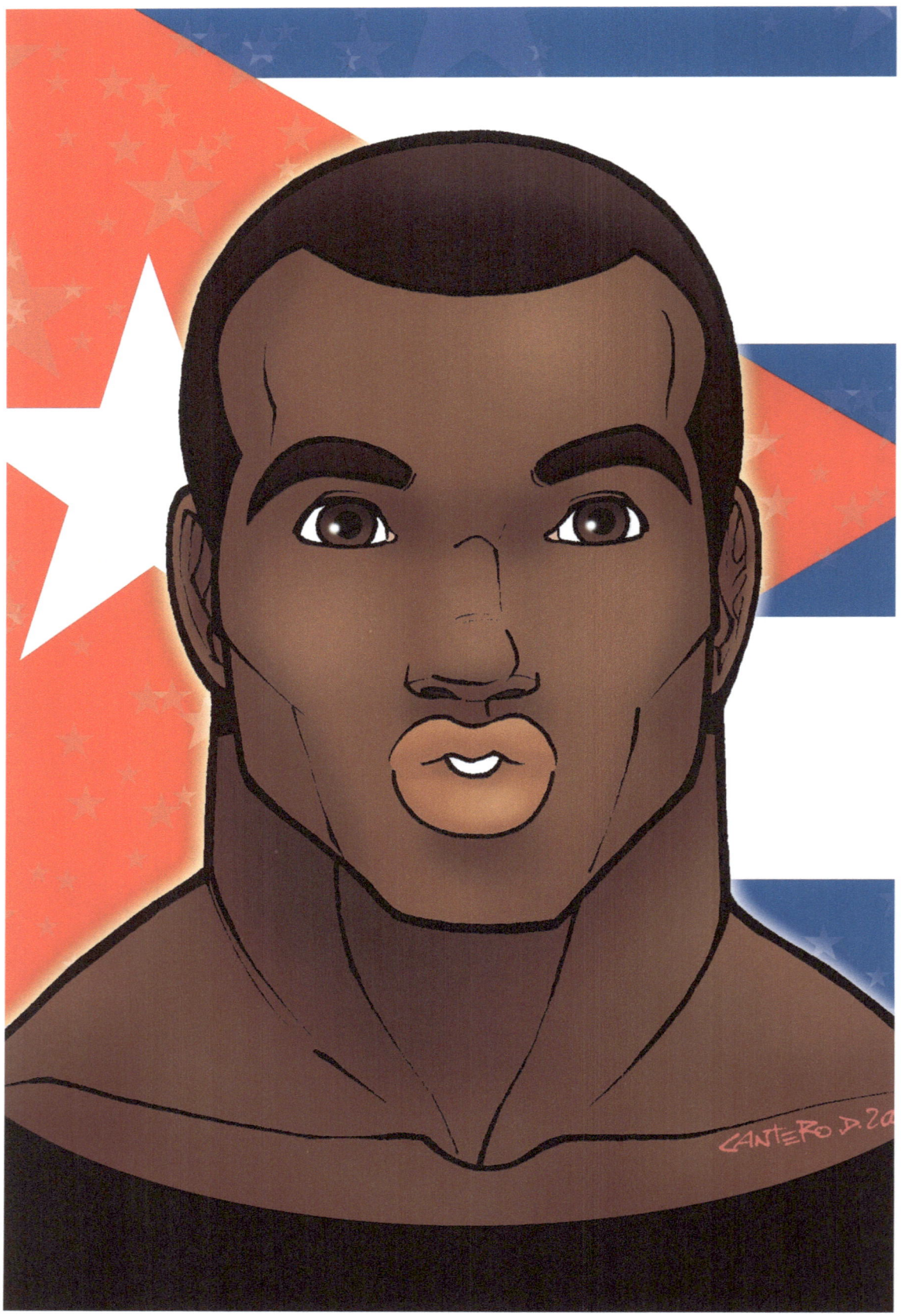

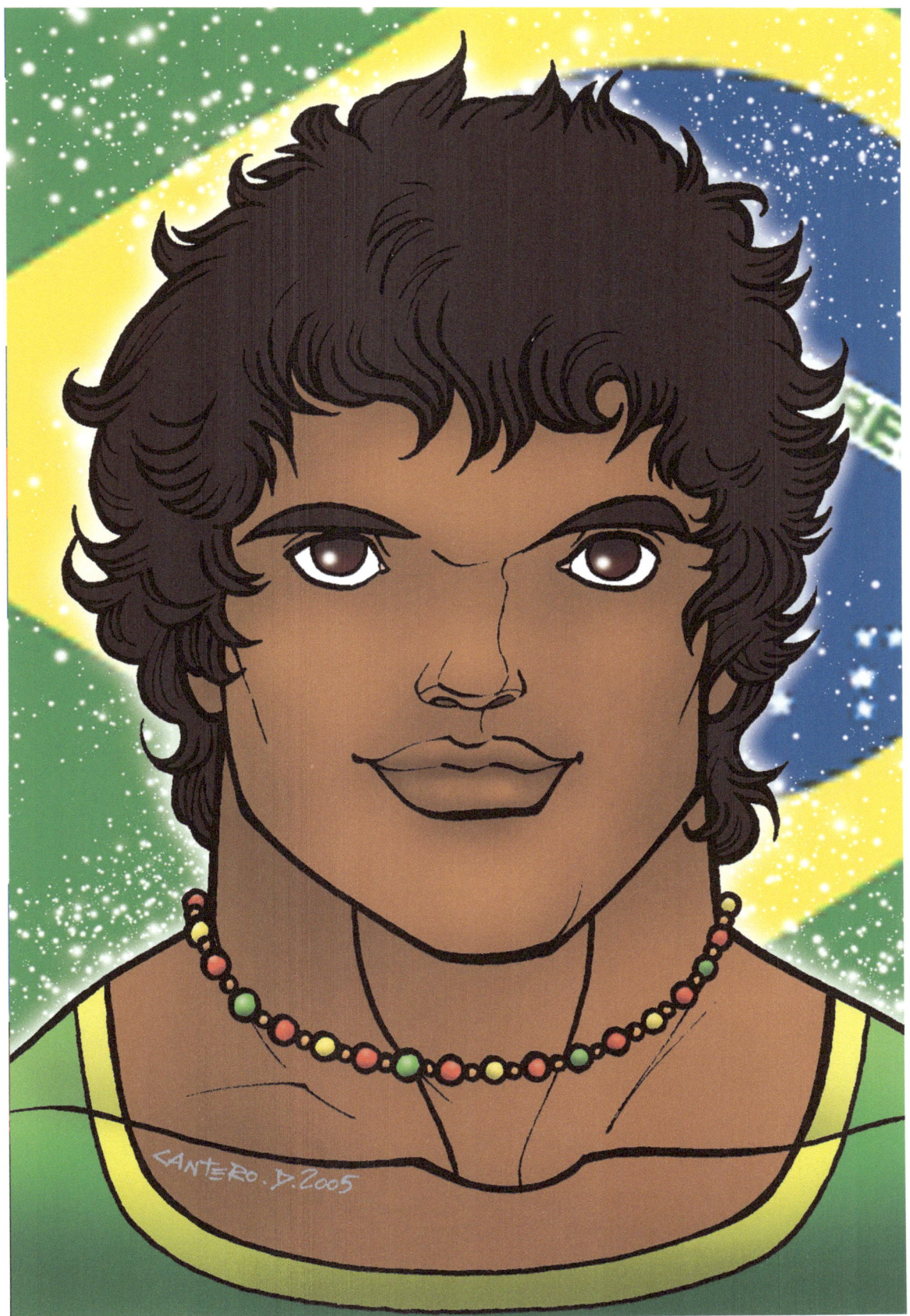

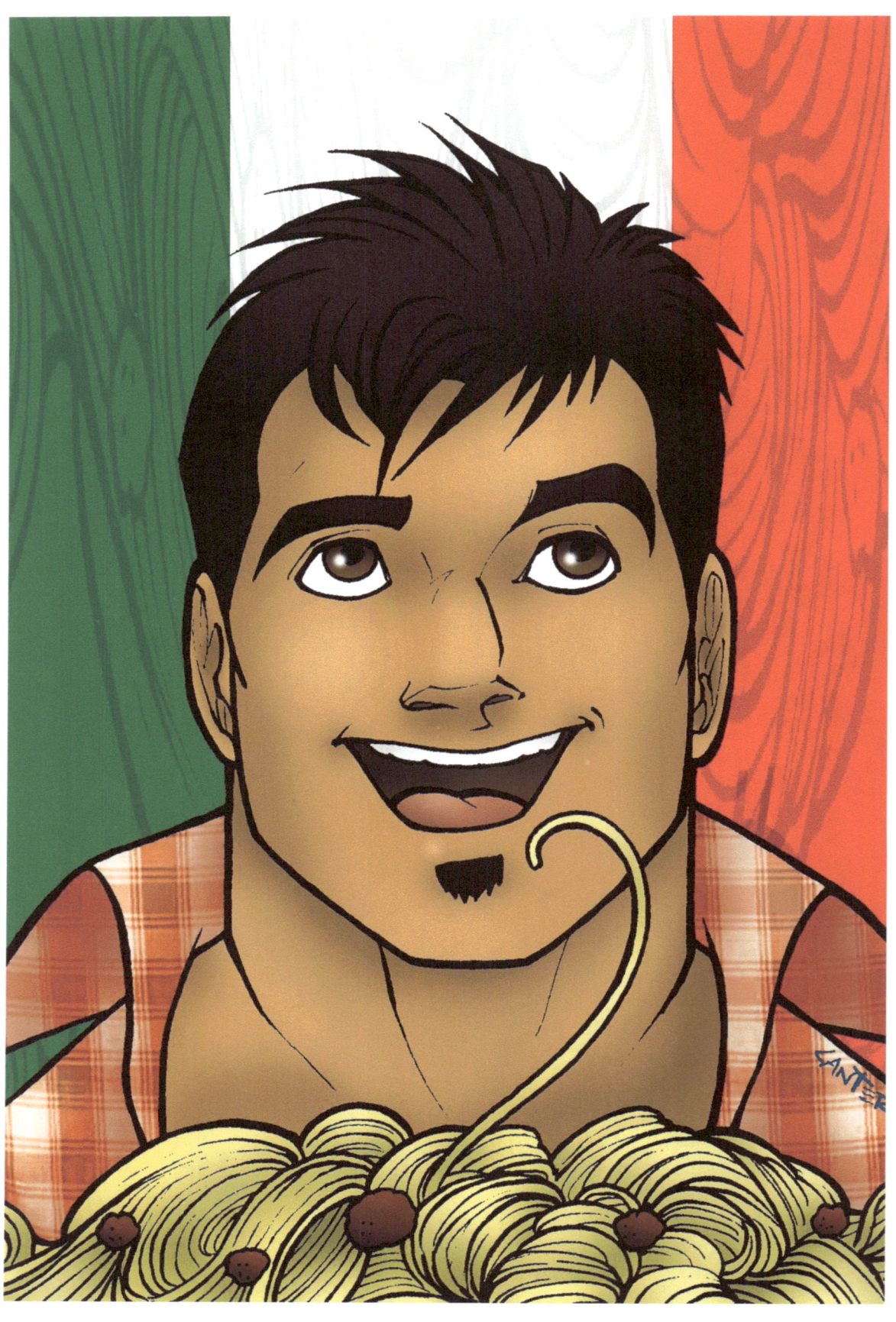

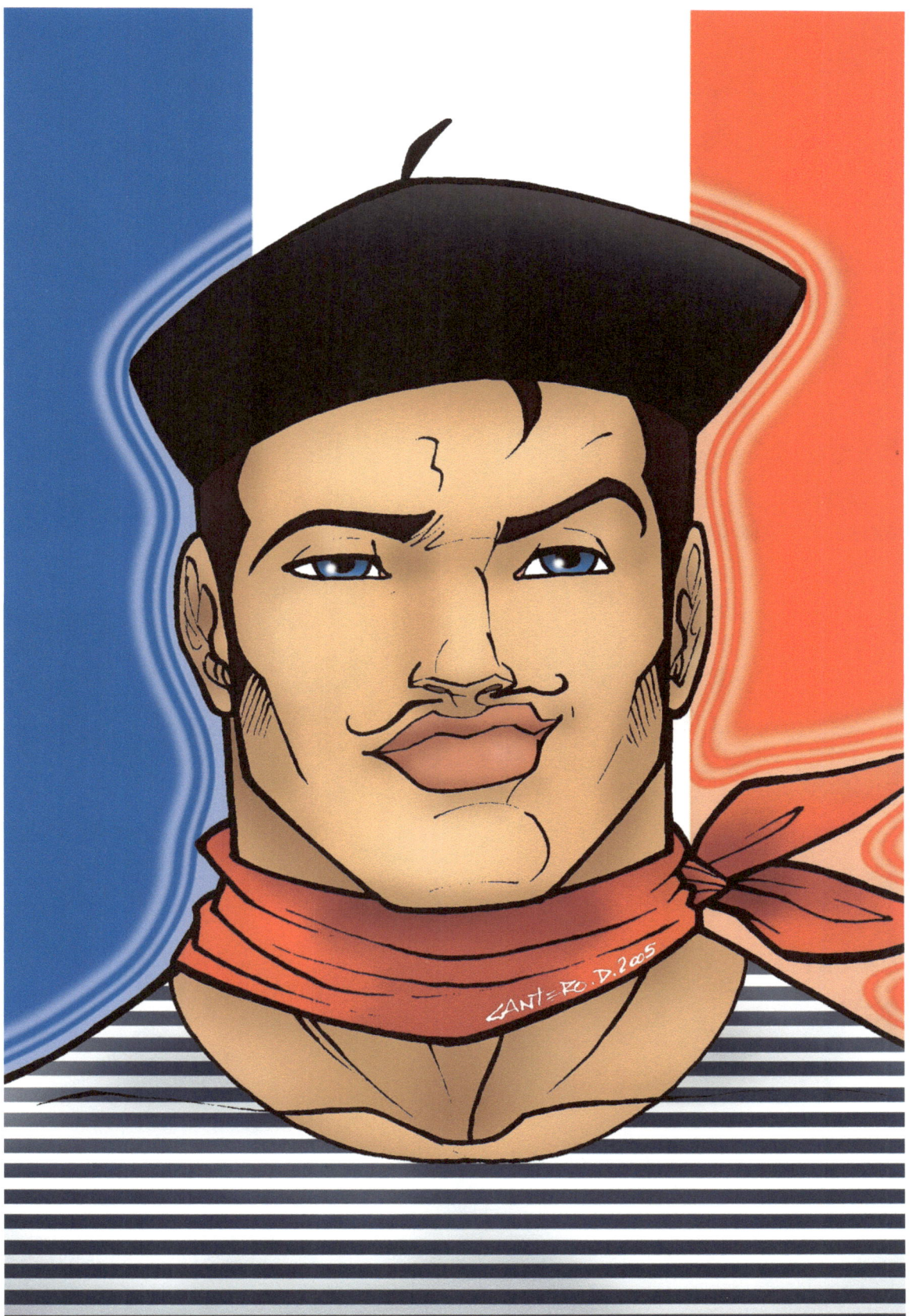

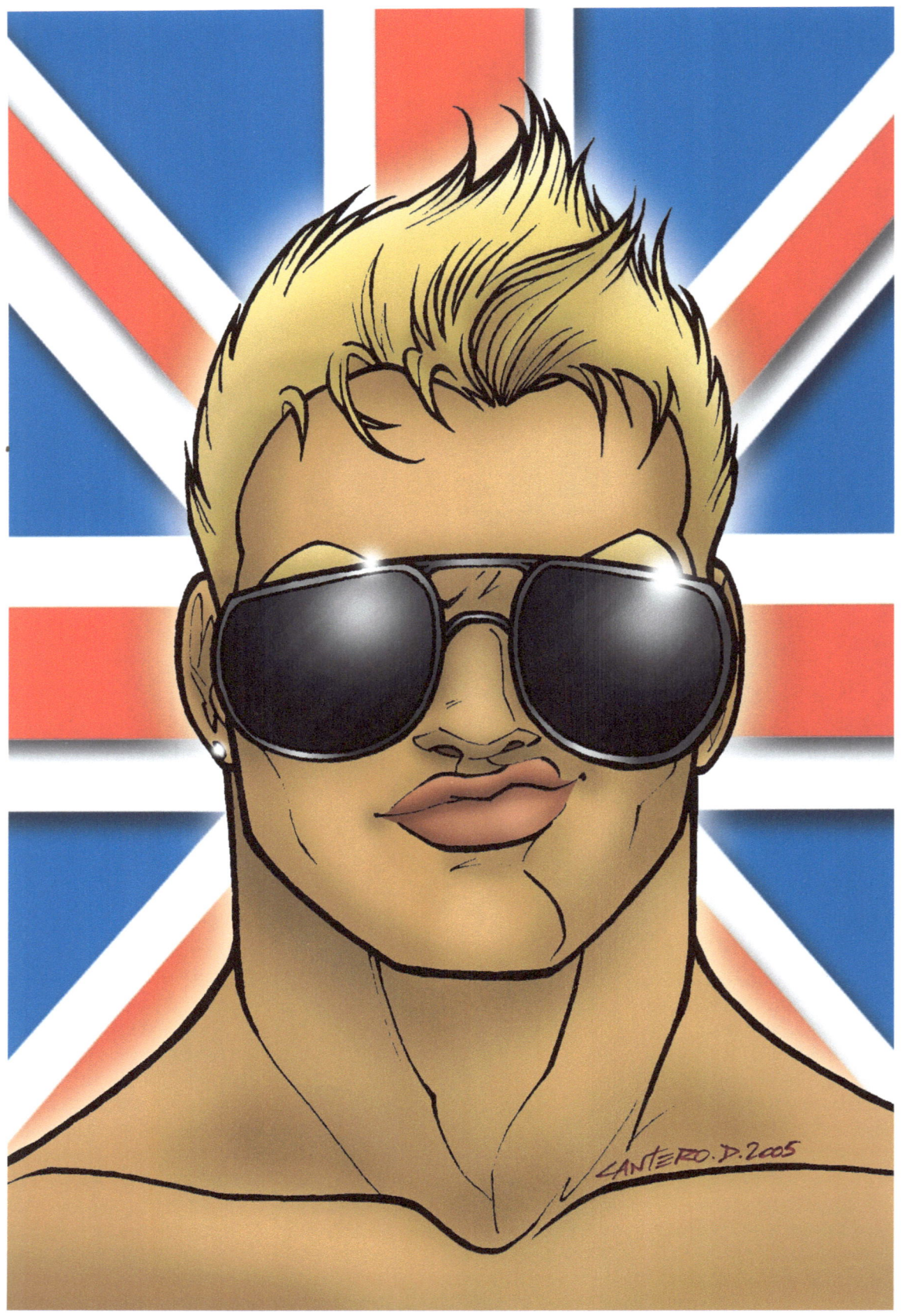

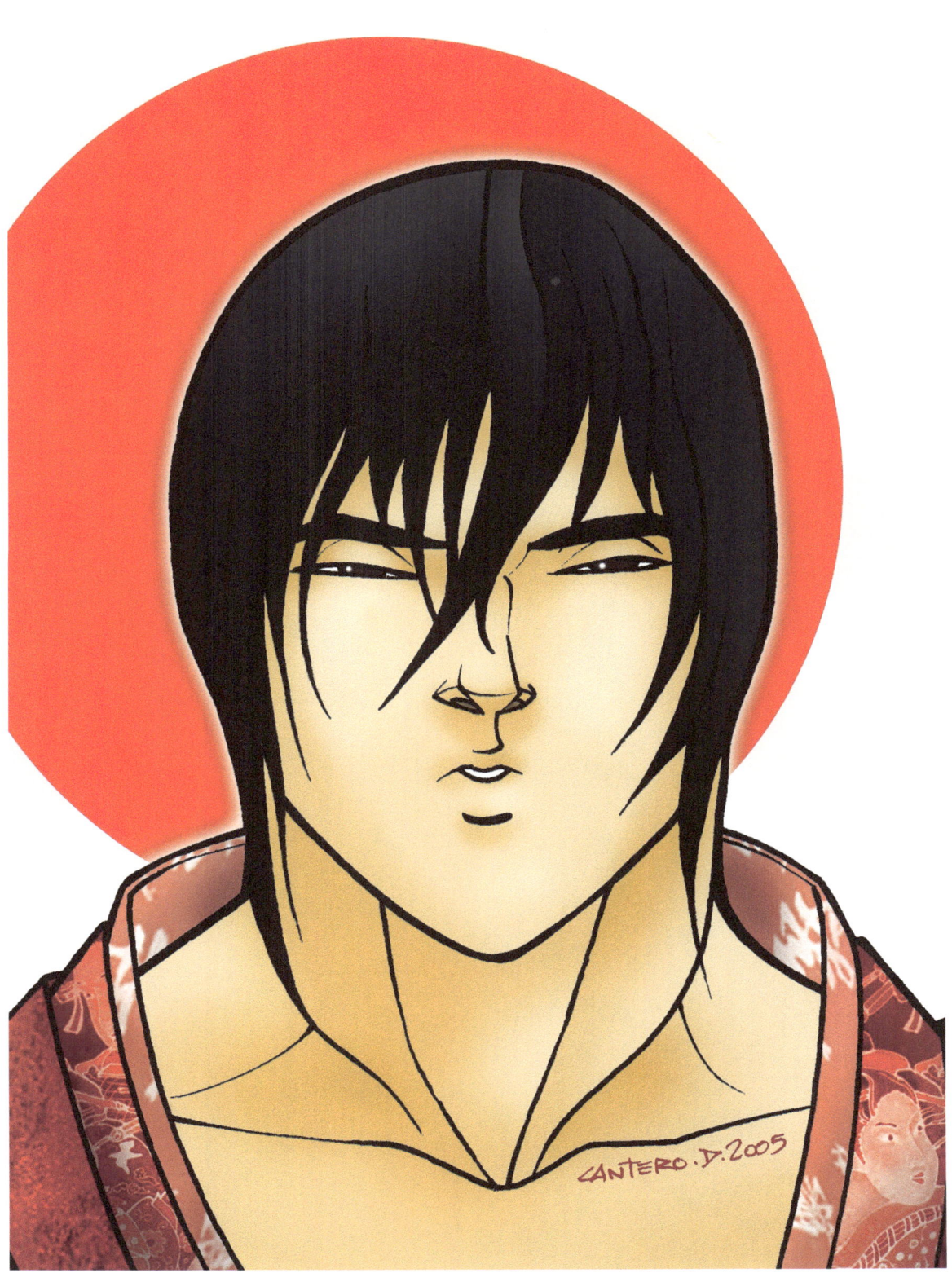

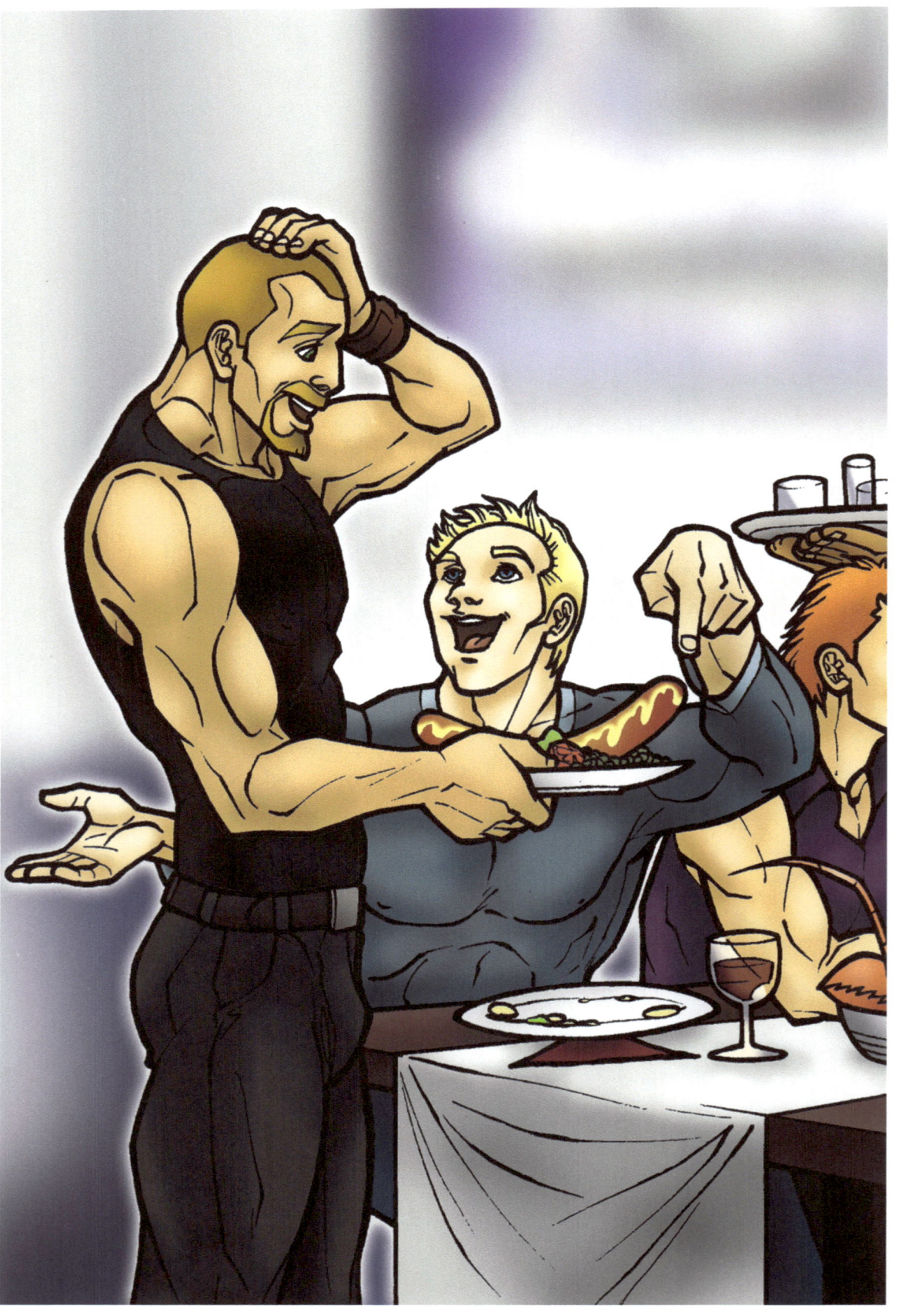

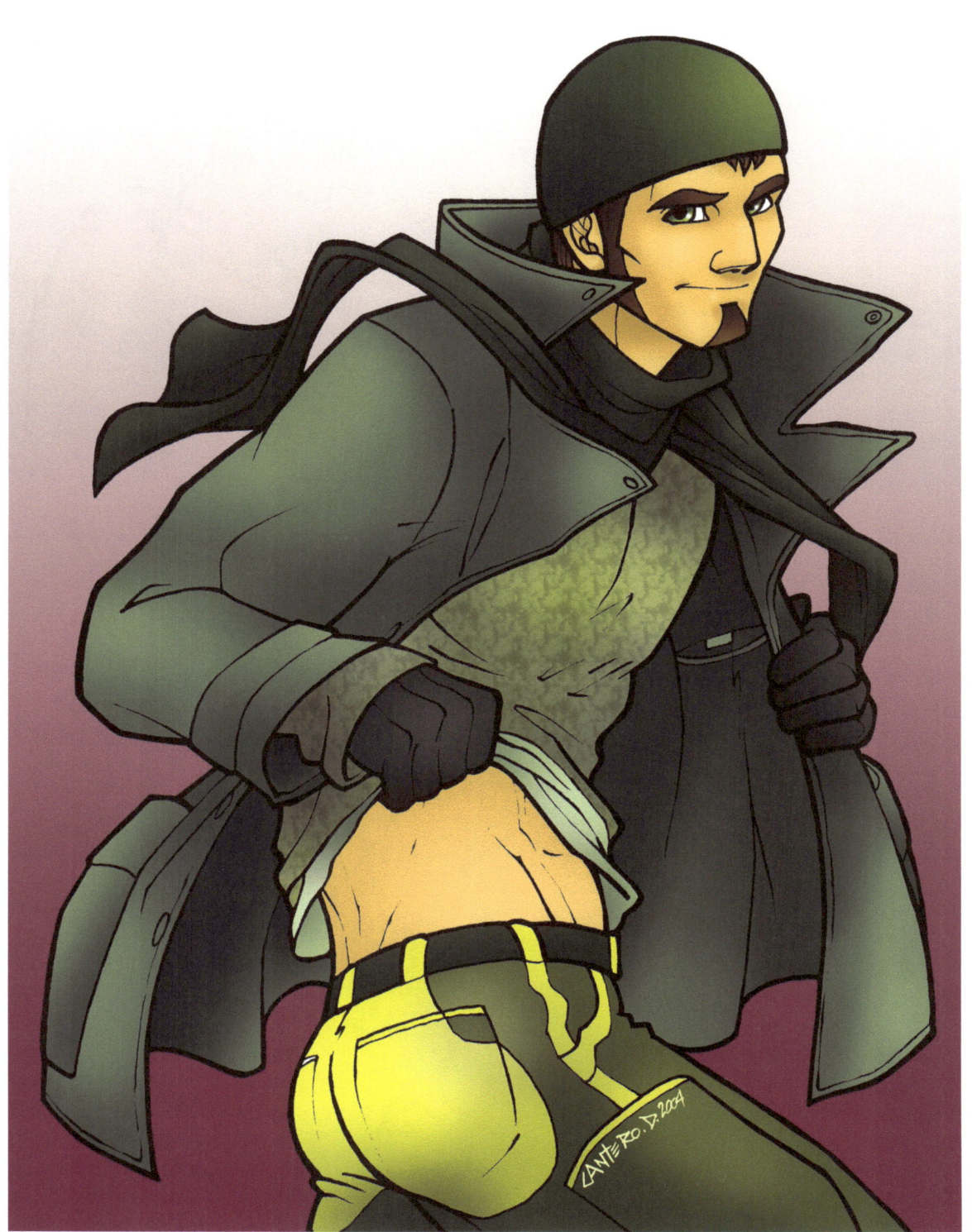

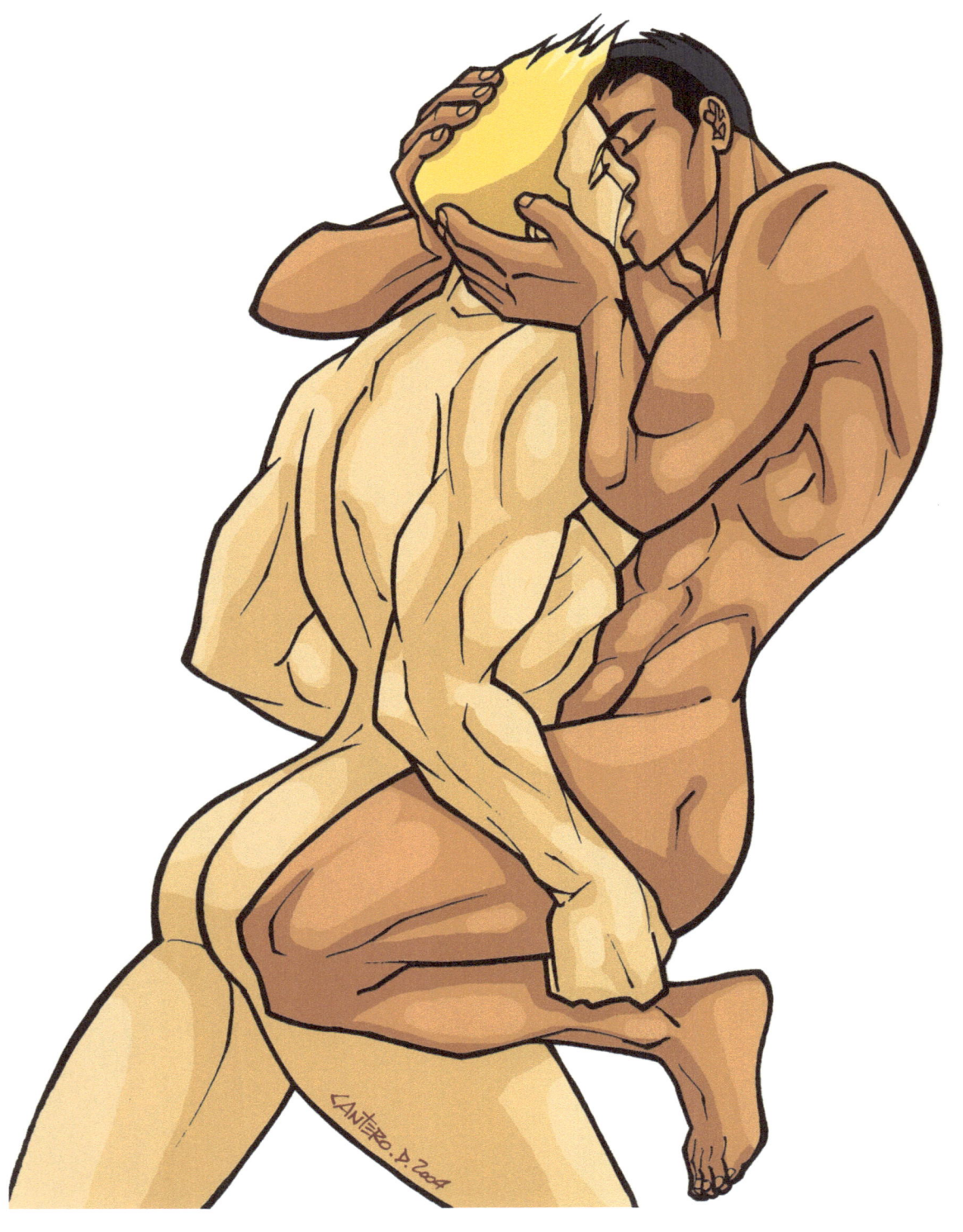

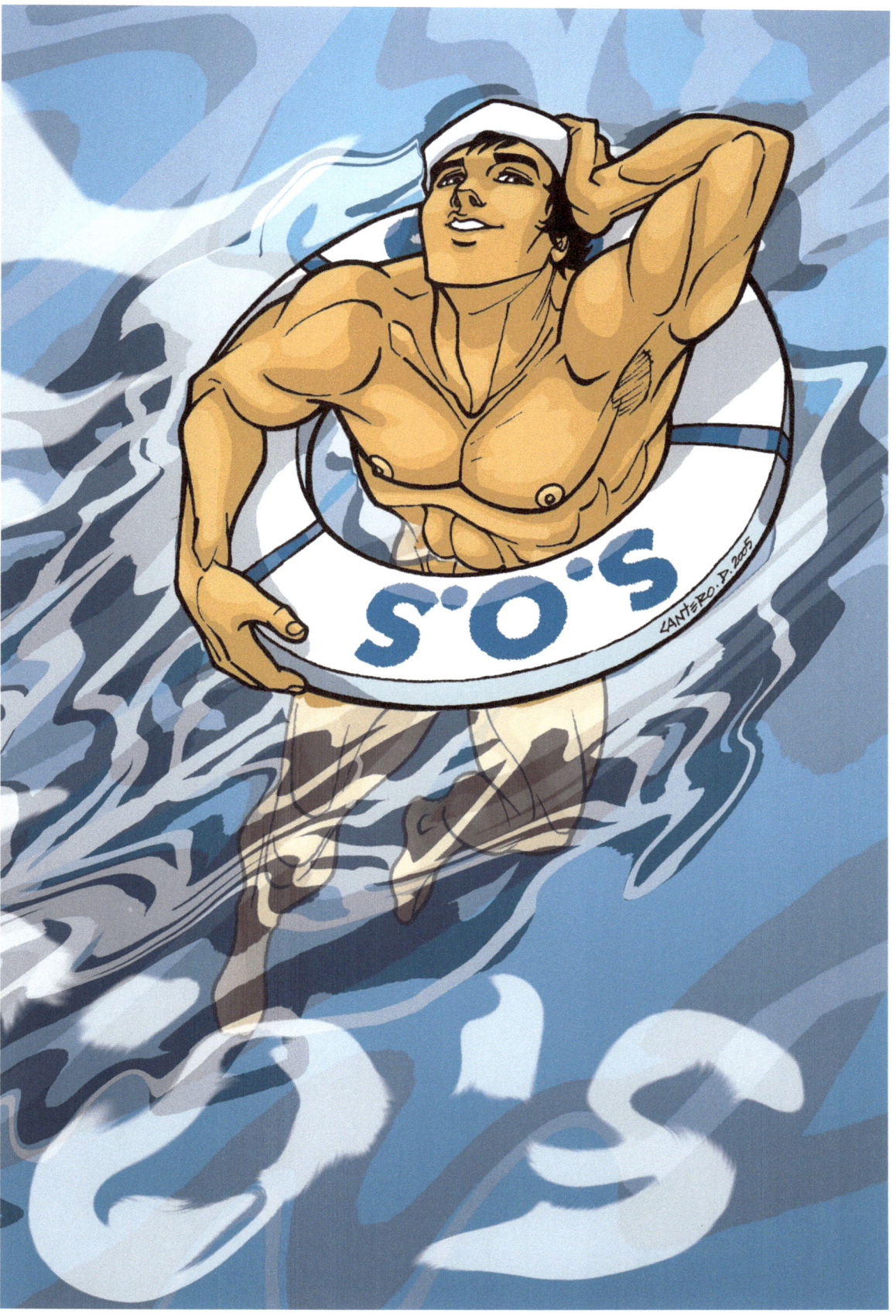

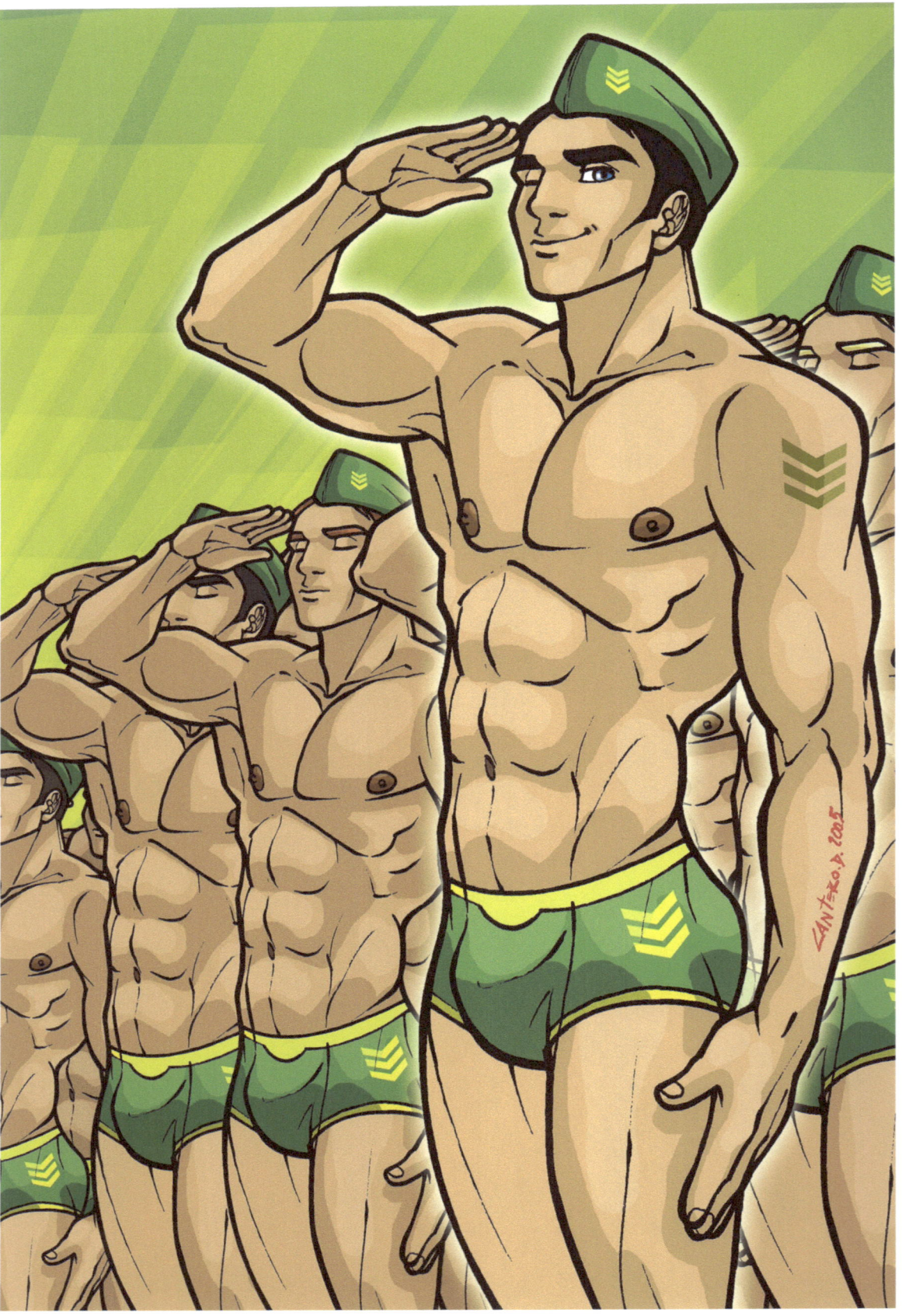

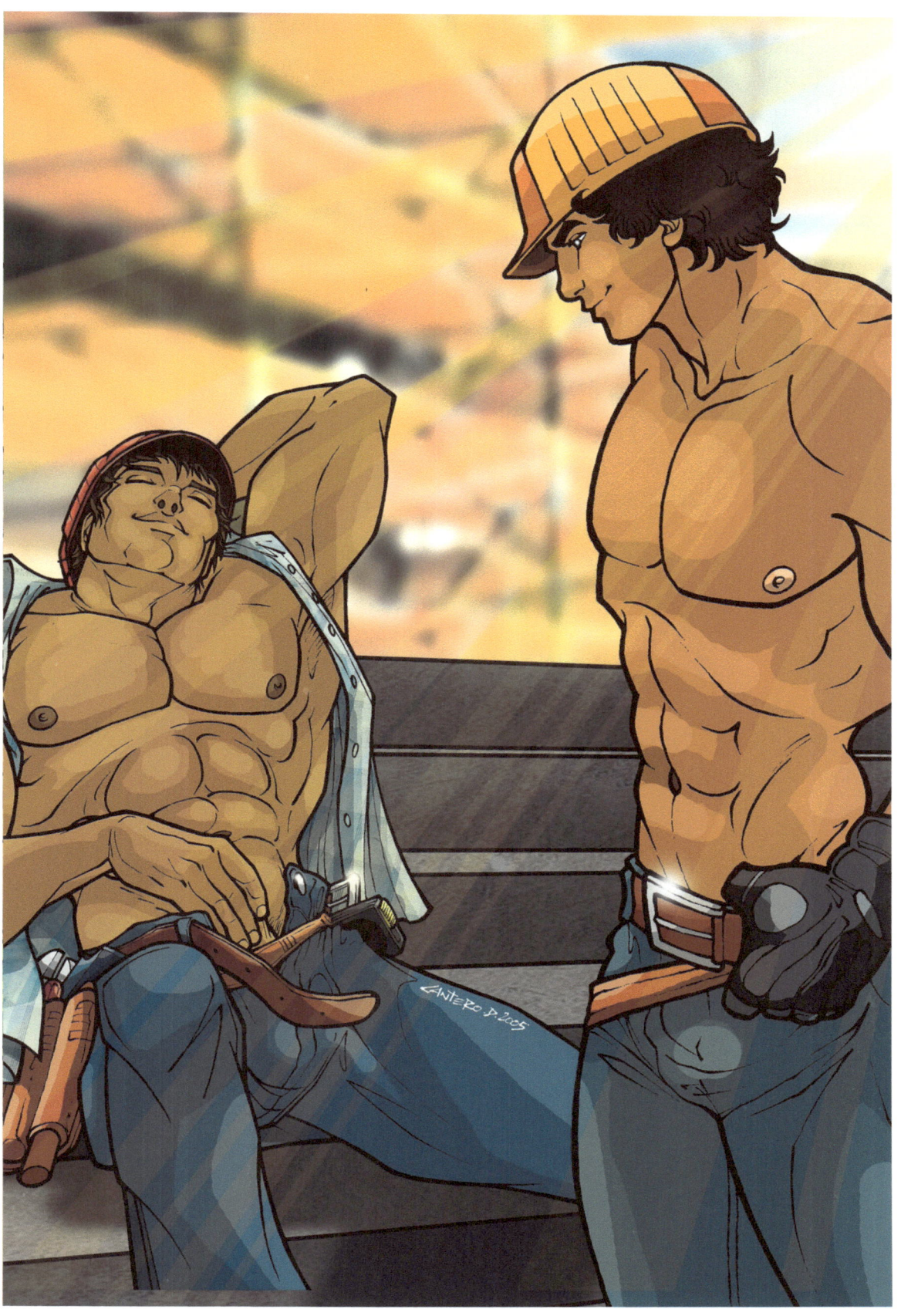

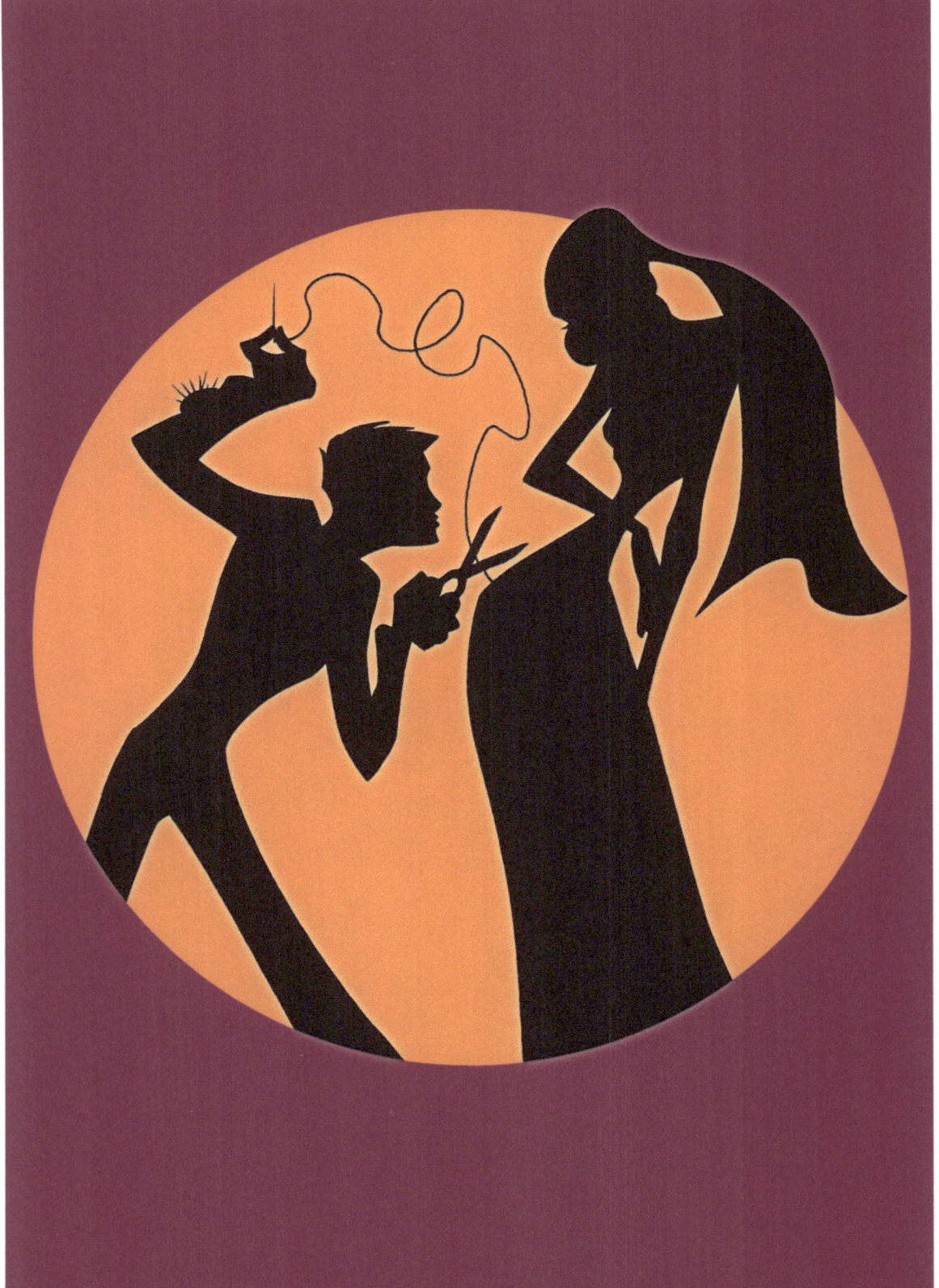

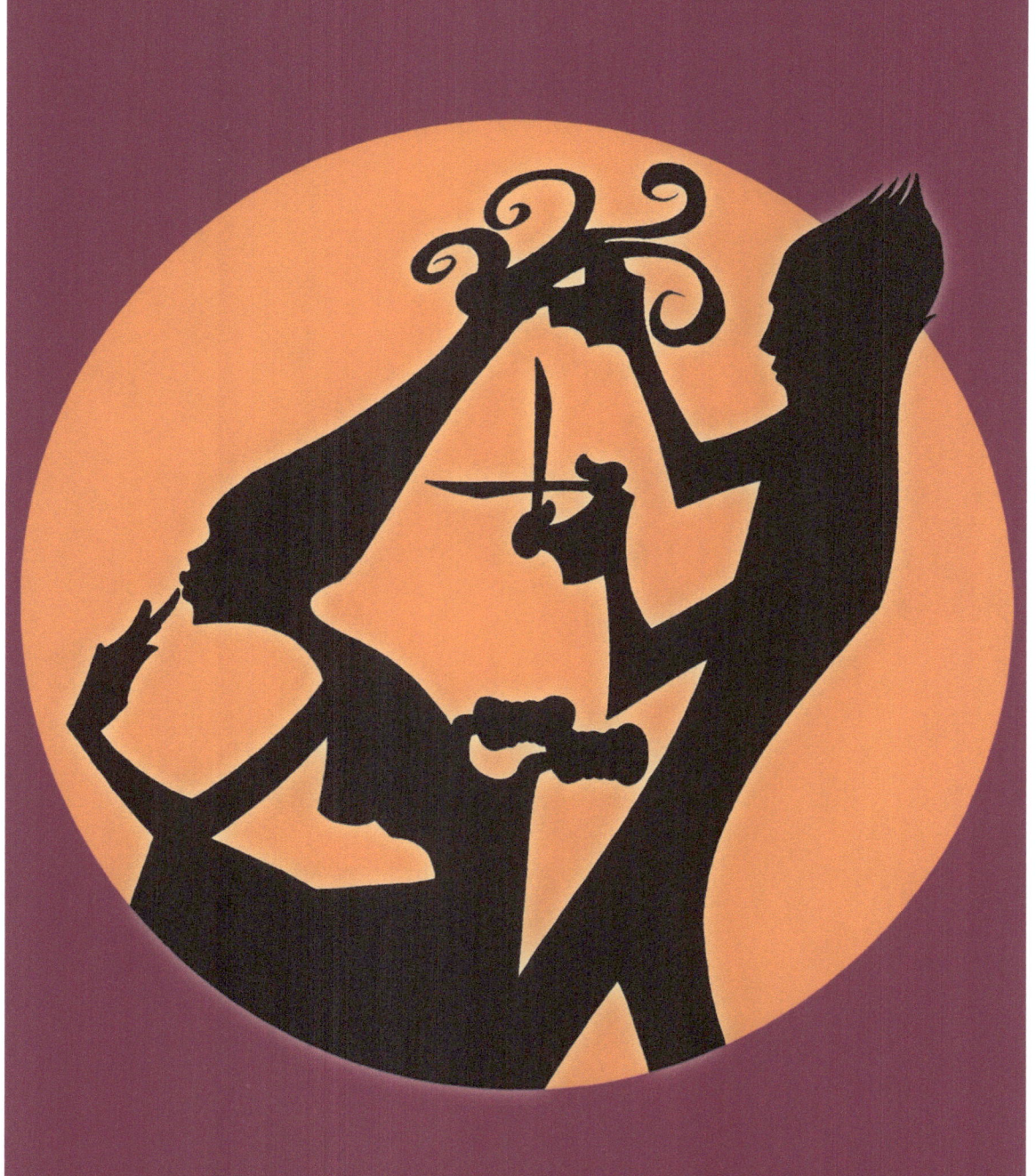

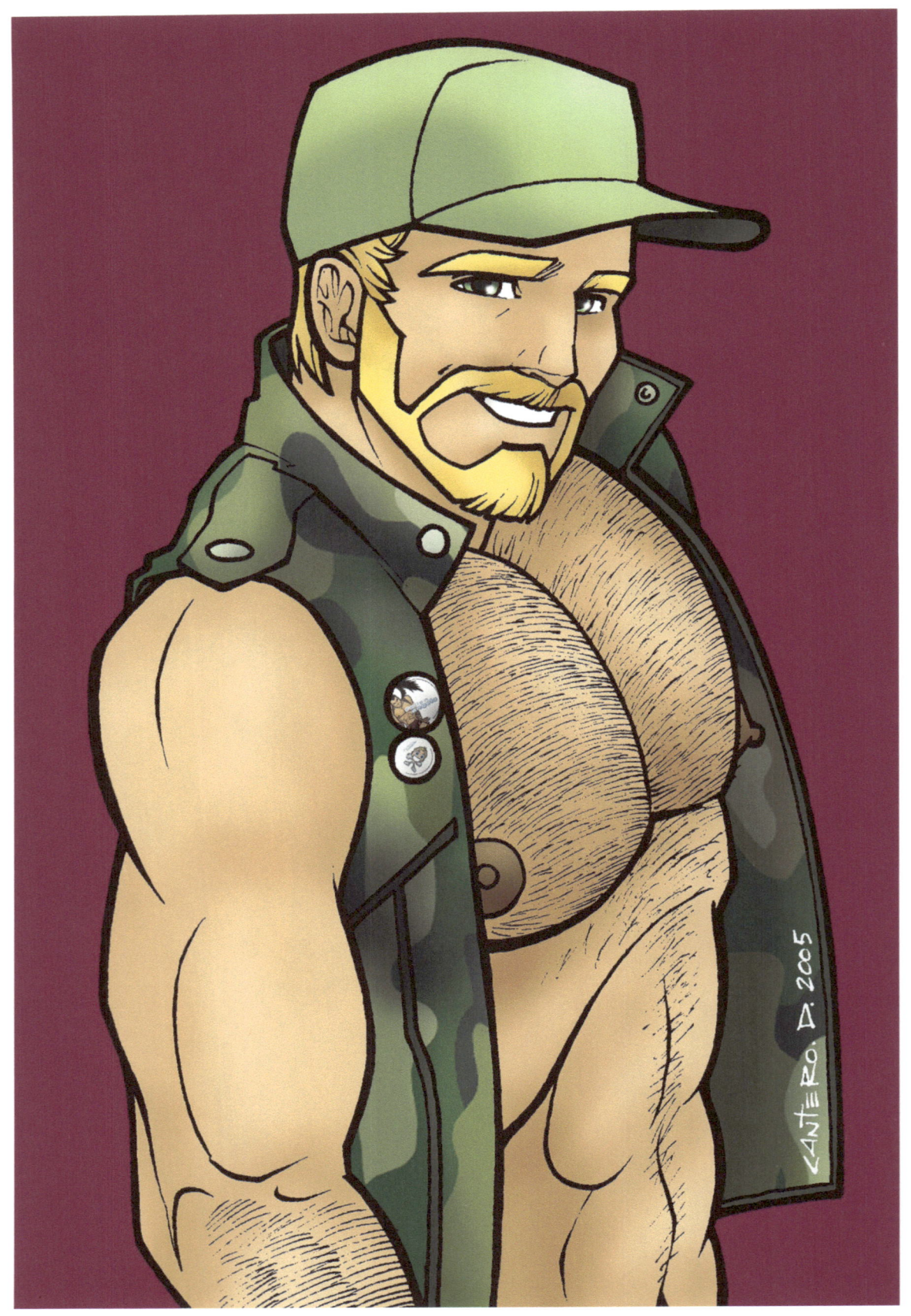

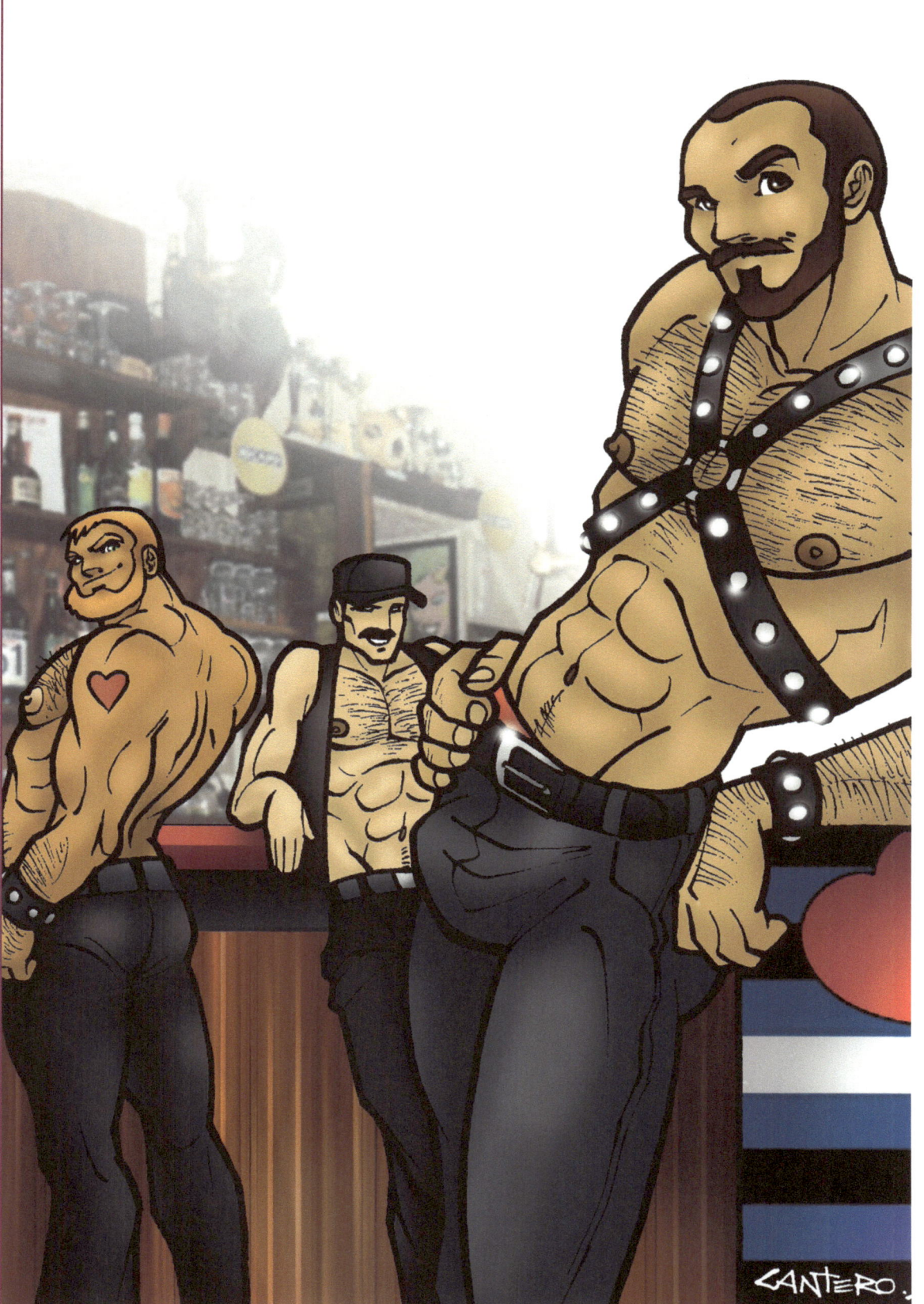

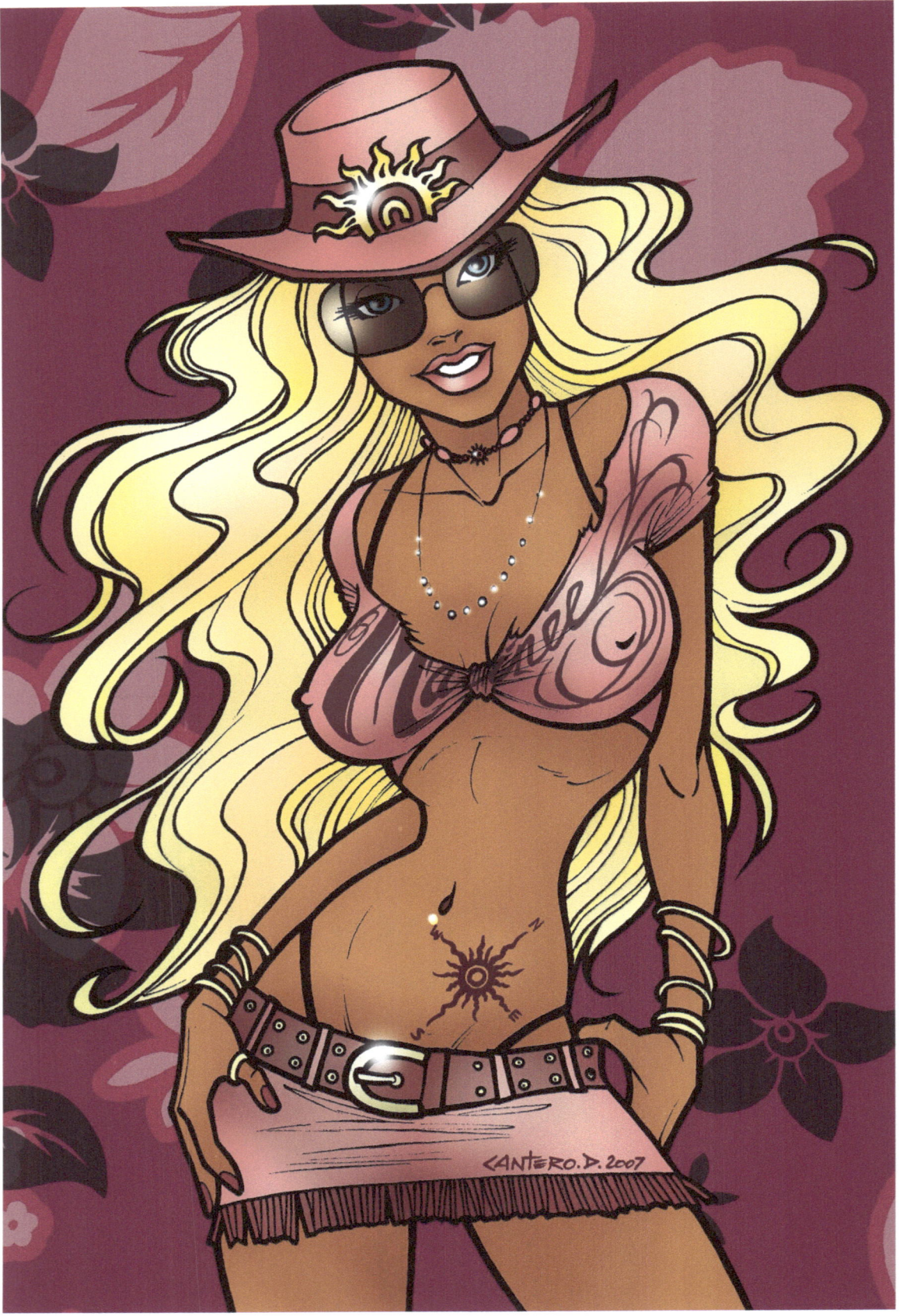

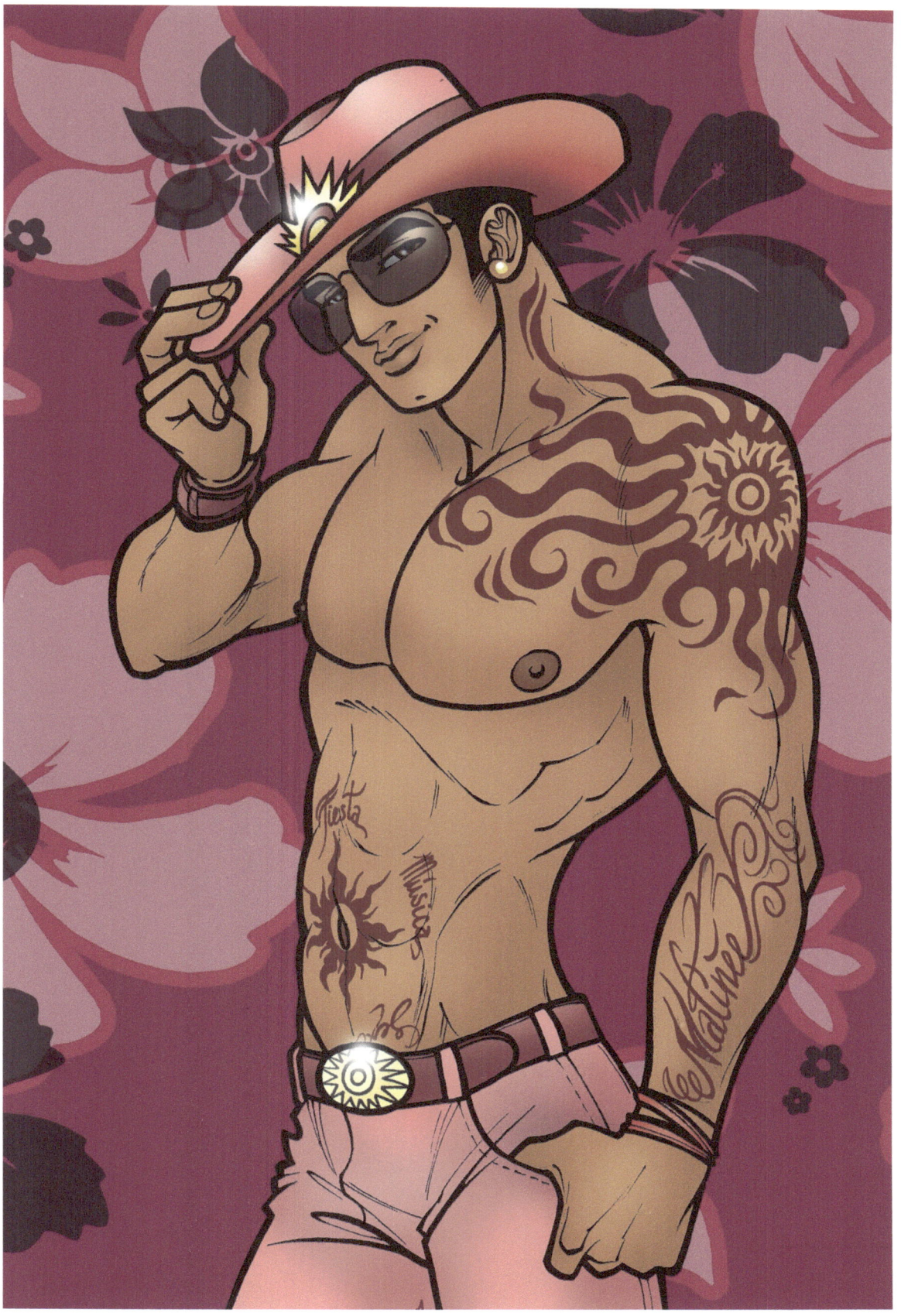

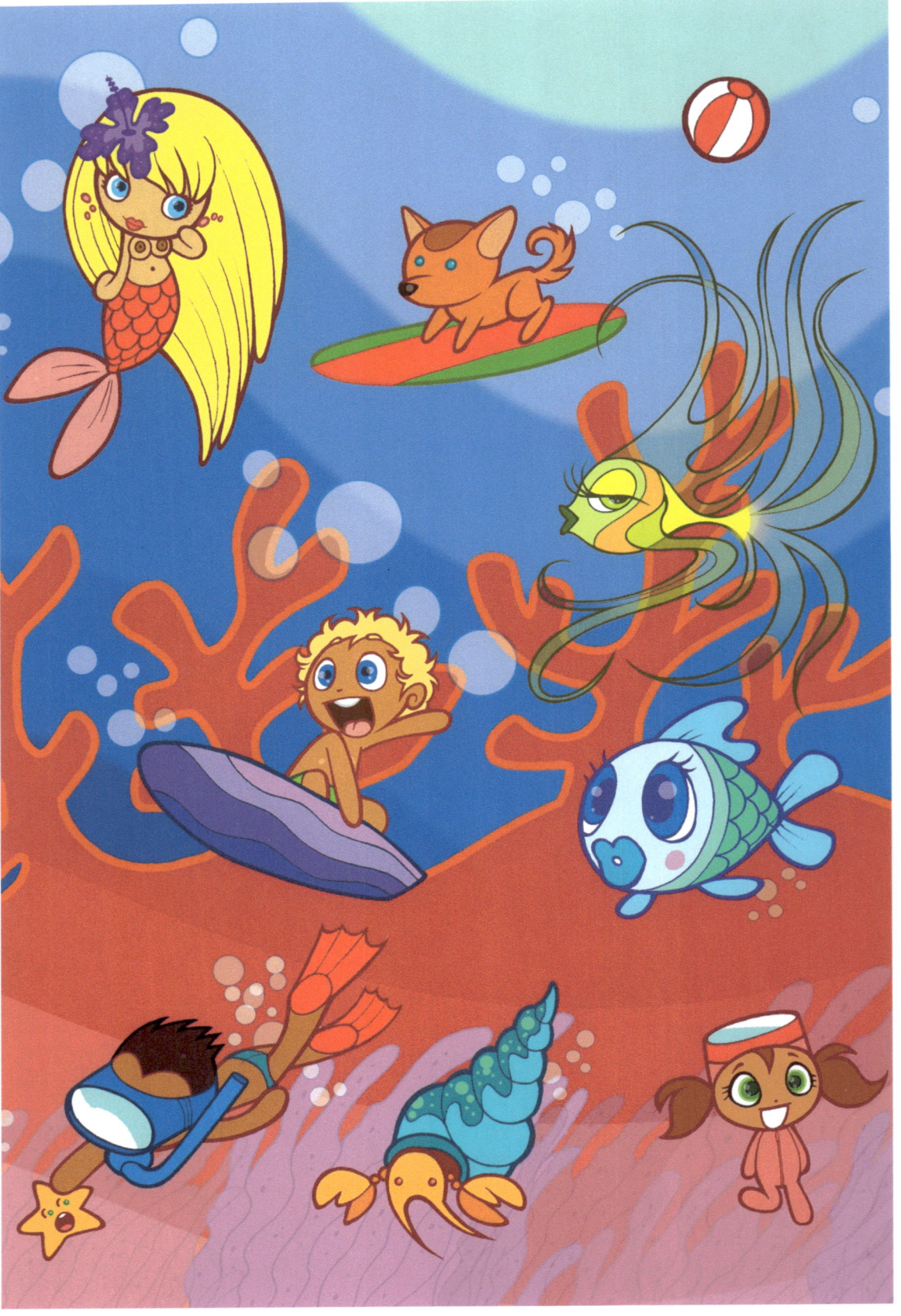

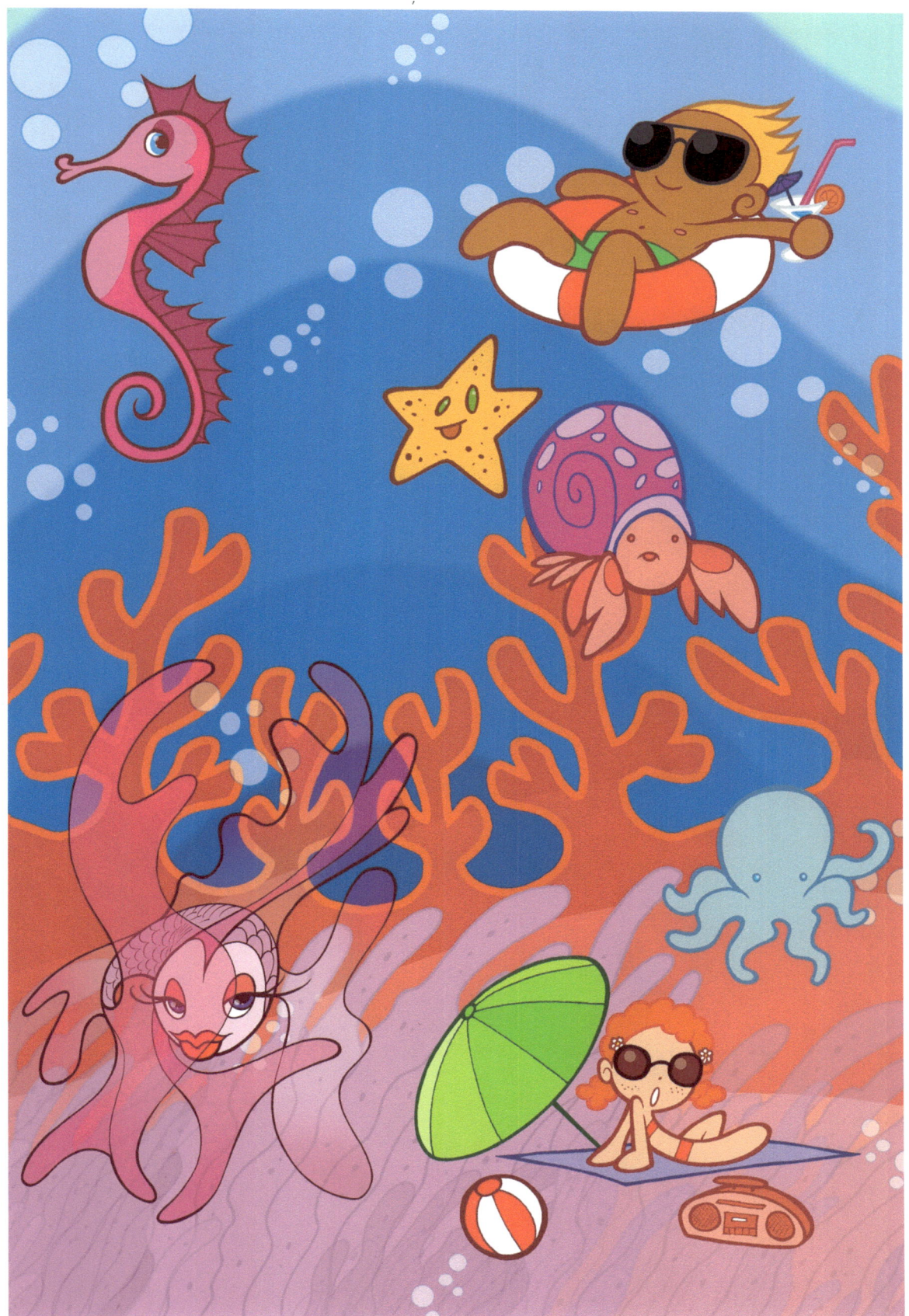

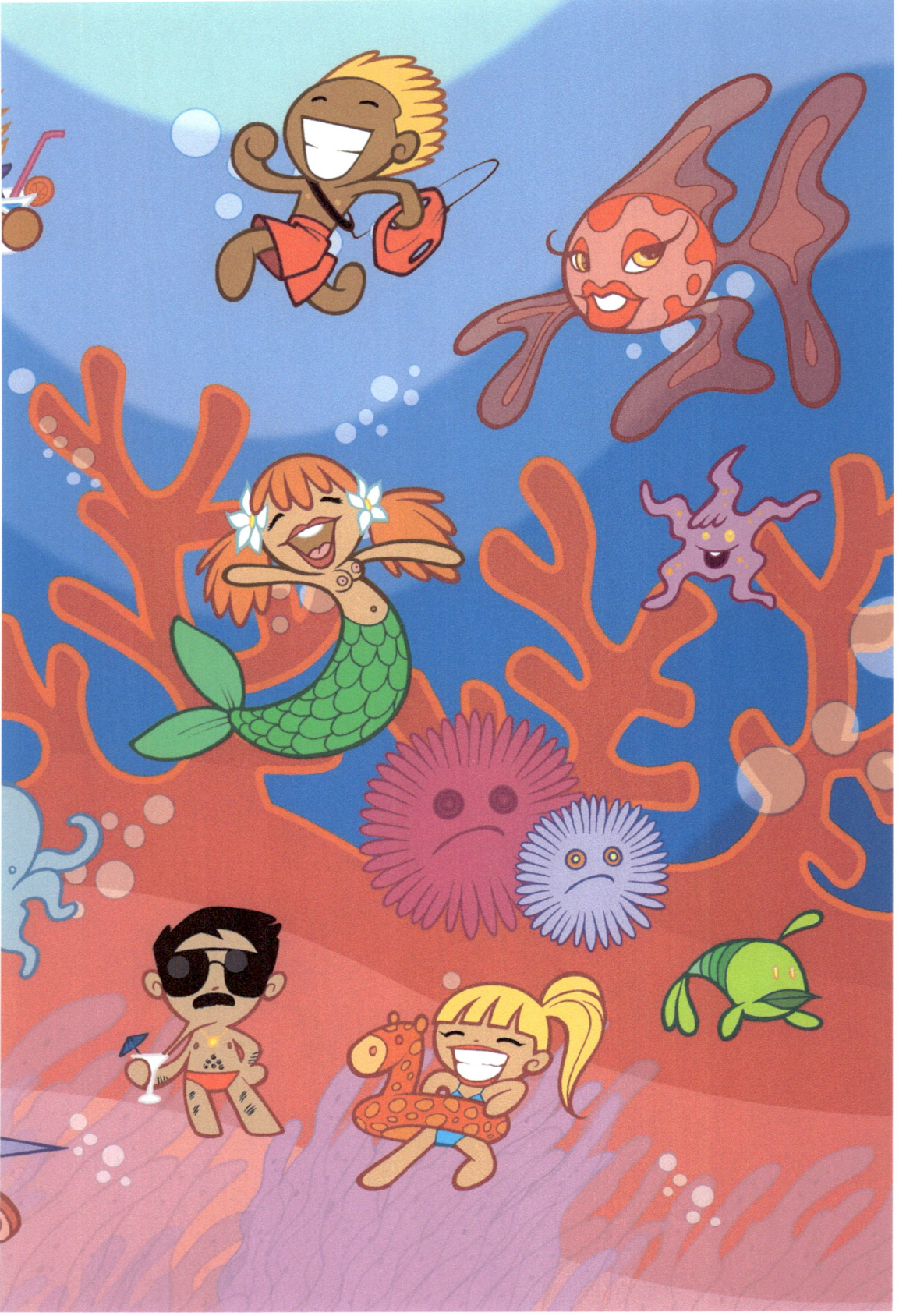

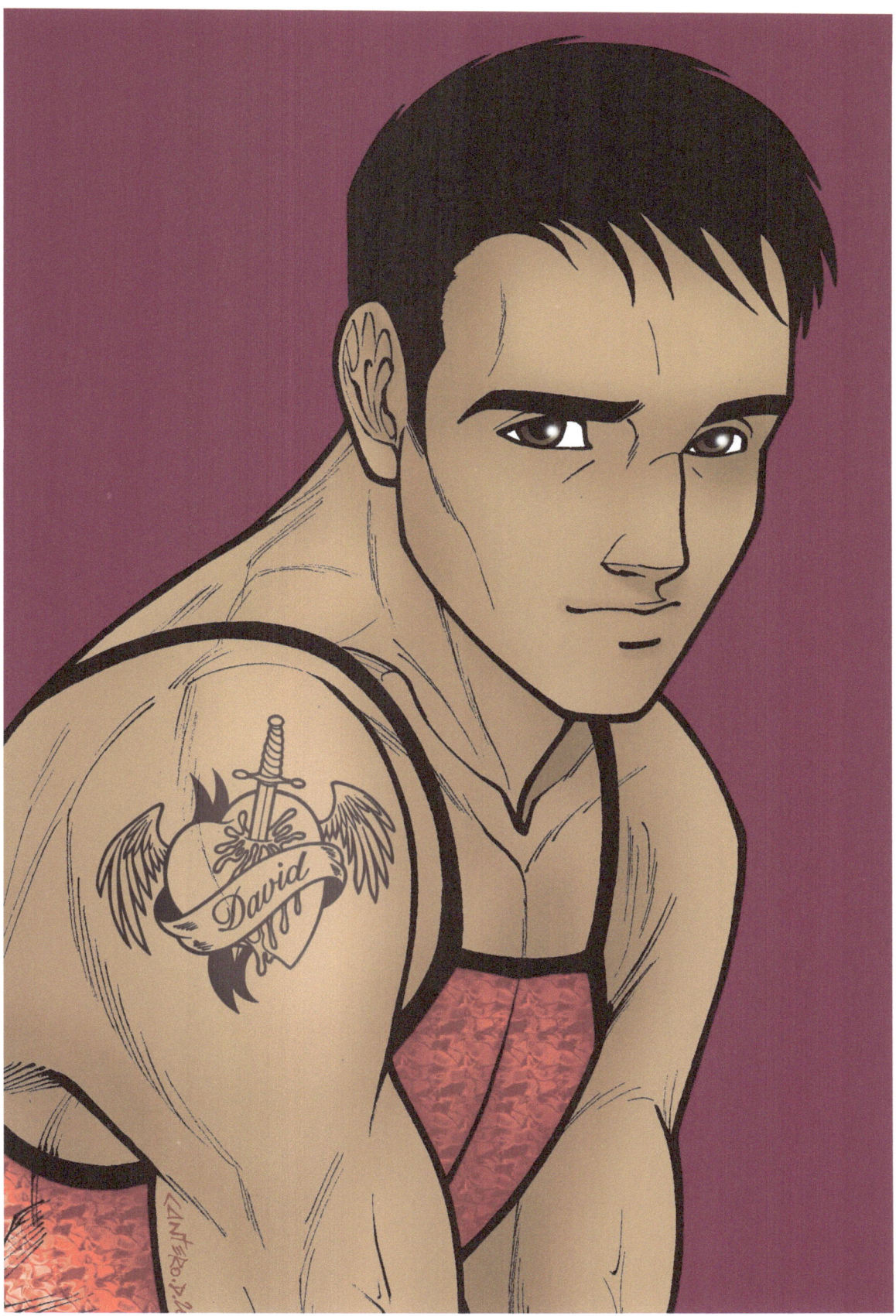

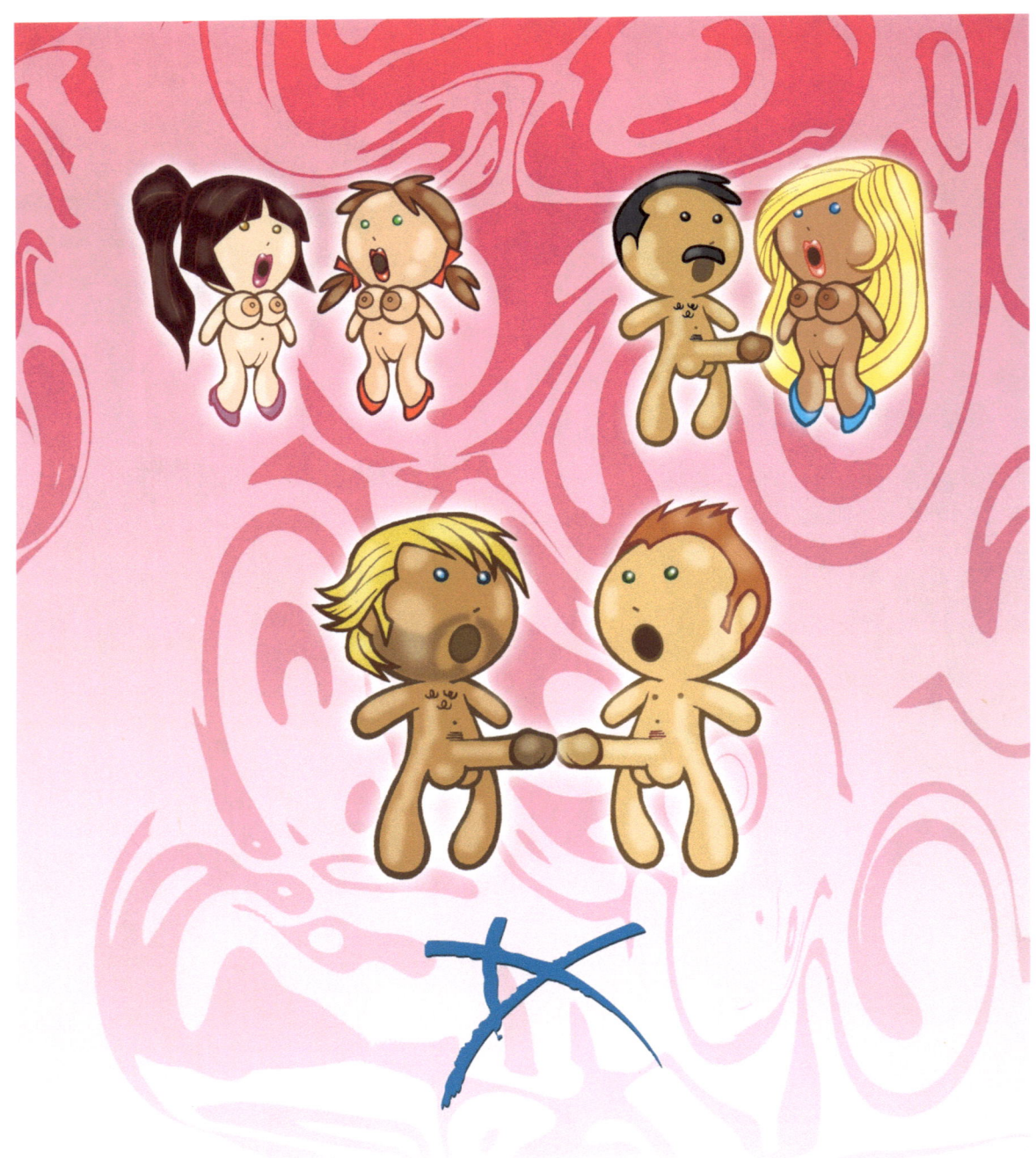

Primera edición en español: Mayo 2008
© David Cantero Berenguer

ISBN: 978-84-936062-2-0 / Nº Registro: 08/4806 / Deposito legal: Z-1591-2008

www.ingramcontent.com/pod-product-compliance
Lightning Source LLC
Chambersburg PA
CBHW050857180526
45159CB00007B/2697